GÉOGRAPHIE
D'AMMIEN MARCELLIN

GÉOGRAPHIE

D'AMMIEN MARCELLIN

PAR

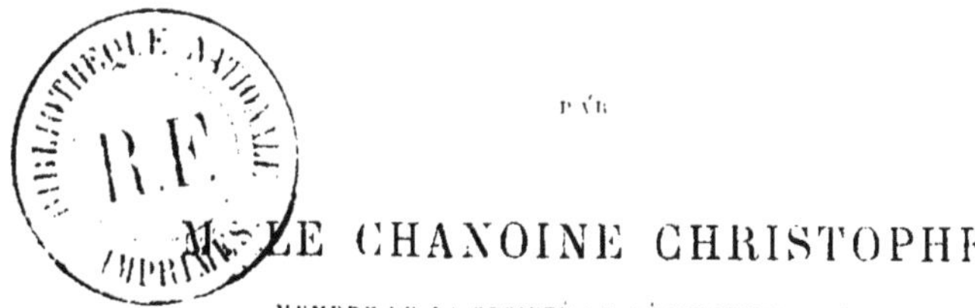

M. LE CHANOINE CHRISTOPHE

MEMBRE DE LA SOCIÉTÉ DE GÉOGRAPHIE DE LYON

ASIE CENTRALE

ANCIENNE GAULE. — ÉGYPTE

LYON

IMPRIMERIE PITRAT AINÉ

4, RUE GENTIL, 4

—

1879

GÉOGRAPHIE

D'AMMIEN MARCELLIN

I

ASIE OCCIDENTALE ANCIENNE

De tous les auteurs latins qui ne sont point classiques, Ammien Marcellin est sans contredit le plus remarquable. S'il avait vécu dans un siècle où ses rares talents eussent pu se développer, sous l'influence d'un souffle littéraire pur, nul doute qu'il ne comptât au nombre des premiers écrivains. Ce qui autorise à le penser, c'est que, venu, dans un siècle de décadence, il s'y est conquis une grande place d'honneur.

Jeune, Ammien Marcellin embrassa la carrière des armes, soit que son goût, soit que l'entraînement des circonstances l'ait poussé vers cette profession. Il fit plusieurs campagnes dans les Gaules, sous Ursicinus, auquel il s'attacha, suivit ce général en Orient, arriva aux honneurs militaires et fit partie de l'expédition de Julien contre les Perses. Puis, il continua à servir sous Valens et Gratien. Après la mort de ce dernier empereur, il se retira à Rome, où il écrivit les trente et un livres de son histoire, qui commençait où finissait celle de Tacite, c'est-à-dire à l'avénement de Trajan. Le temps a détruit les treize premiers livres et il ne nous reste que les dix-huit derniers, c'est-à-dire le récit des événements qui se sont accomplis depuis l'année 353 jusqu'à la mort de Valens. C'est heureusement la portion la plus intéressante de l'œuvre, parce que c'est celle où l'auteur, mêlé aux faits qu'il raconte, écrit ce qu'il a vu de ses yeux.

Il ne faut attendre de notre historien ni la profondeur des pensées, ni la dignité de la forme, ni l'éclat du style des maîtres. Né grec, d'ailleurs, et n'ayant appris le latin qu'après coup, il écrit la langue de Cicéron avec la rudesse d'un étranger. De plus, il manque de mesure, de sobriété et de goût; mais il possède l'instruction, le bon sens et la justesse de l'observation à un haut degré. Il a surtout un mérite qui lui est propre, celui d'associer la géographie à l'histoire, d'avoir compris que ces deux sciences sont sœurs, et il étudie à la fois les lieux et les faits. Son goût pour la topographie le pousse souvent jusqu'à la digression. La critique lui en a fait, à bon droit, le reproche; car ses digressions, longues et hors de propos, brisent le récit et nuisent au charme de l'histoire. Mais, lorsqu'il s'en tient à ce qu'il a vu en passant et aux observations qui se rattachent à son sujet, l'œuvre d'Ammien Marcellin est originale et instructive. Tous les géographes modernes ont puisé autant à cette source qu'à celle de Pline et de Strabon, et il fait autorité comme eux. Nous allons montrer quelles lumières on peut en tirer, en étudiant, dans l'expédition de Julien contre les Perses, la situation de l'ancienne Asie occidentale.

Avant de suivre l'armée romaine sur l'*Euphrate* et le *Tigre*, il est nécessaire de jeter un coup d'œil sur les régions qu'arrosent ces deux grands fleuves. Notre historien en a bien esquissé le tableau, et nous n'aurions qu'à le reproduire, s'il ne lui avait donné une extension démesurée: ce qui nous oblige à le réduire, tout en le complétant par les documents que nous fournissent d'autres auteurs.

Les provinces que Julien allait envahir étaient la *Mésopotamie*, la *Babylonie*. Cette étendue de terre, d'inégale dimension, est comprise entre le trentième et le trente-huitième degré de latitude. Pline nous en donne la mesure quand il dit : « La *Mé-*

sopotamie, enfermée à l'est par le *Tigre*, à l'ouest par l'*Euphrate*, au nord par le *Taurus* (lisez *Masius*), au sud par la mer Persique, a 800 milles de long, 360 de large[1]. » Ce qui revient à 1209 kil. 600 m. de longueur et à 544 kil. 320 m. de largeur[2].

Montagneuse dans la partie qui touche au *Masius*, aujourd'hui *Karadjia-Daghlar*, elle n'offre plus, à partir de là jusqu'au golfe Persique, qu'une plaine immense et continue où l'œil aperçoit à peine de légères ondulations. Le *Tigre* et l'*Euphrate*, ces deux fleuves dont les noms se rattachent au berceau du genre humain, donnent par leurs replis capricieux, à cette région, une forme bizarre qui la fait ressembler à un aviron.

Les sentiments ne sont point unanimes sur l'origine du *Tigre*. Pline[3] le fait sortir, dans la grande Arménie, à l'ouest du lac de *Van*, d'une source remarquable au milieu d'une plaine, dans un lieu dit *Elégosine*. Il s'appelle *Diglito*, mot que les gens du pays traduisent par *Digel*, les Arabes par *Didgileh*, enfin *Tigre*, tous noms qui signifient un trait, une flèche, et désignent la rapidité de son cours. Il passe par le lac *Aréthuse*, d'où il sort pour se précipiter dans un gouffre, sous lequel il coule quelque temps et reparaît de l'autre côté. Ce lieu s'appelle *Zoaranda*. Puis il traverse un autre lac, nommé *Thospites*, se perd de nouveau et sort près de *Nymphée*, après une disparition de 22 milles. C'est le *Tigre*, dont Xénophon et ses dix mille Grecs tournèrent la source. Les modernes donnent plus exclusivement le nom de *Tigre* à un autre cours d'eau qui naît, à l'occident, d'un des massifs du *Nimrod*, dans la province de *Sophène*, dont le nom se conserve encore dans celui de *Zoph*. Ce *Tigre*, dit d'Anville, paraît sortir, avec un effort qui forme un murmure de grand grand bruit, d'une caverne au-dessus d'un vieux château nommé *Eghil*. Il passe ensuite sous un lieu nommé *Ardis*, autrefois *Artagera*[4], puis à *Amide*, aujourd'hui *Diarbékir* ; puis, après

[1] *Hist. nat.*, lib. VI, c. XXX. — [2] Nous avons pris, pour base de ce calcul, celui de d'Anville qui évalue le mille romain à 756 toises ; ce qui donne, à peu de choses près, 1512 mètres. — [3] *Hist. nat.*, lib. VI, c. XXXI. — [4] *Le Tigre et l'Euphrate*, p. 81.

avoir reçu le *Nympheus* d'Ammien Marcellin, il va rejoindre le *Diglito*, dont il absorbe, à la fois, les eaux et le nom.

Une égale diversité d'opinions se fait remarquer sur l'origine de l'*Euphrate*. Les modernes assignent aussi à ce fleuve deux branches principales, savoir : le *Frat* et le *Mourad-Tchai*. Les anciens ne connaissaient que cette dernière. Si l'on jette les yeux sur la carte de Peutinger, on voit sortir ce cours d'eau de monts appelés *Parverdes*. Nous n'avons retrouvé ce nom dans aucun auteur ancien. Strabon et Pline parlent d'une branche du *Taurus* appelée *Paryadres*, qui semblerait s'y rapporter. La position qu'occupe le *Parverdes* concorde avec le massif de cette grande chaîne qui a pour point culminant l'*Ararat*. Mais ce n'est là qu'une indication vague. Nous trouvons dans Pline une donnée plus précise. Cet auteur décrit ainsi le commencement du *Mourad-Tchai* : « Ce fleuve sort de la *Caranitide*, préfecture de la grande Arménie. Parmi ceux qui l'ont contemplé de plus près, Corbulon le fait naître au mont *Aba*, et Licinius Mucianus, au pied du mont *Capote*, au-dessus de *Zimara*. D'abord, il s'appelle *Pyxurate*. Lorsqu'il est sur le point de se jeter dans les gorges du *Taurus*, il prend le nom d'*Omiras*. *Omiram vocant irrumpentem*[1].

Cependant cette description a contre elle : 1° la contradiction des deux généraux romains ; 2° le récit de Xénophon. Il n'est pas impossible de concilier les témoignages de Corbulon et de Mucianus, en supposant que le premier indique le massif, le second, le pic qui donne naissance à la source du fleuve. Il est un peu plus difficile de s'en tirer avec Xénophon qui assure avoir traversé, non loin de sa source, l'*Euphrate* et non le *Pyxurate*. Il y a, sur ce point, une difficulté à l'explication de laquelle les données manquent. D'Anville, si savant, dans son étude sur l'*Euphrate* et le *Tigre*, ne touche point à cette énigme, non plus qu'à quelques autres du même genre. Mais on rencontre, dans la topographie de l'Orient, un dédale de dénominations fait pour embarrasser les plus habiles. Le mont *Aba* de Pline est aujour-

[1] Pline, lib. V, c. XX.

d'hui le mont *Bin-Goueil*, dans l'*Ala-Dagh*, non loin de la ville de *Bayazid*.

Quant au *Frat*, qui se forme dans une autre partie de l'*Arménie*, au nord-ouest, non loin d'*Arse (Erzeroum)*, il n'est autre que le *Lycus*, et le volume de ses eaux est inférieur à celui du *Mourad-Tchai*.

L'*Euphrate* traverse d'abord la *Derxène* et l'*Anaïtique*, qui répondent à la vallée actuelle de l'*Elivan* et du *Tourouberan*, et sépare la *Cappadoce* de l'*Arménie*. Sa marche est lente d'abord, mais, à mesure qu'il approche du *Taurus*, il devient impétueux et bruyant. Alors, grossi par le *Lycus*, l'*Arsanus*, l'*Arsenias* et le *Mélas* ou *Kara-Sou*, il prend définitivement le nom d'*Euphrate*, et se précipite, avec toutes ces forces réunies, contre la montagne qui semble s'avancer pour lui disputer le passage vers l'Occident. La rencontre a lieu près d'*Eligia*, dans un endroit qui s'appelle aujourd'hui *Pas des Nouchars*. Dans cette lutte titanesque, le fleuve réussit à couper en deux le *Taurus*. Mais, à son tour, la montagne triomphe du fleuve, en le forçant à prendre la direction du sud [1].

Revenons au *Tigre*. Après avoir réuni ses deux branches au-dessous de *Cepha*. Ce fleuve reçoit le *Parthénius*, ou le *Centrites* de Xénophon, plus tard le *Nicephorion* de Pline, aujourd'hui *Khabour*; puis, il côtoie les monts *Gordiens* ou *Zagros*, marque la frontière de l'*Adiabène*; baigne, en passant, les ruines de *Ninive*, de *Nimroud*, d'*El Assur*, ces vieilles capitales dont la science moderne a retrouvé l'histoire, la langue et les monuments ensevelis sous les débris des siècles; reçoit encore le grand et le petit *Zab*, ou le *Lycus* et le *Caprus*, enfin l'*Arba* ou *Delas*, que nous appelons *Diala*. C'est quand il a réuni tous ces affluents, qu'il se présente majestueux au centre de la monarchie persane. Mais toujours fidèle à son nom de *Tigre* et de *Diglito*, il passe, avec la furie du *tigre* et la *rapidité* de la flèche, à travers les cités, les palais et les jardins que la magnificence des Arsacides et des Sassanides accumula sur ses bords et

[1] Pline, lib. V, c. xx. — Pomponius Mela, lib. III, c. viii.

court déverser ses eaux dans le *Pasitigris*, trente lieues en avant du golfe Persique.

Pasitigris veut dire *tout le Tigre*. Cette dénomination, qui paraît singulière, attendu que le *Tigre*, depuis la jonction de ses deux sources, coule dans un lit unique jusqu'au canal appelé *Pasitigris*, Pline l'explique en disant qu'après *Apamée*, ville de la *Mésène*, le *Tigre* se partage en deux branches, 125 milles ou 189 kil. 100 m. avant *Séleucie*, projette l'une au sud, vers *Séleucie*, tandis que l'autre, se repliant vers le nord, traverse les plaines de *Cauches*, sans doute le district dont *Coche* était le chef-lieu. La réunion de ces deux branches forme le *Pasitigris*[1]. Voilà bien, en effet, de quoi justifier le nom de *Pasitigris*. Mais quelle est cette branche du *Tigre* qui se repliait vers le nord ? Rien n'en rappelle aujourd'hui l'existence, et il y a là une difficulté qui ne peut être éclaircie qu'en supposant une saignée du *Tigre*, laquelle allait rejoindre vers le nord, les eaux du *Delas* ou *Arba* ou un cours d'eau qui ne serait autre que le *Delas* lui-même[2].

De son côté, l'*Euphrate*, échappé des gorges du *Taurus*, semble ne prendre qu'à regret sa course vers le sud. Arrivé à *Barzalo Laudias*, il cherche de nouveau l'ouest, par un circuit qu'Ammien Marcellin appelle long, *longiorem*. Mais, parvenu à *Samosate*, capitale de la Comagène, il retrouve un autre chaînon du *Taurus*, l'*Amanus*, qui lui barre une seconde fois le passage vers la Méditerranée. Alors, à bout de luttes, le fleuve ralentit l'impétuosité de ses ondes, et, devenu majestueux et tranquille, il se décide, sans retour, à couler au sud. D'abord, il sépare l'*Euphratésiène* de l'*Osroène*, puis la *Syrie* de la *Mésopotamie*, en décrivant des méandres nombreux, mais sans plus recevoir, dans le reste de son parcours, d'autres affluents notables que le *Bélès*, le *Chaboras* et le *Socoras*.

[1] Lib. VI. c. XXXI. — [2] Étienne de Byzance dit : « Il y a une autre *Apamée*, dans le pays de la Mésène, environné par le *Tigre*. Dans ce pays, le *Tigre* se sépare en deux, le *Délas* baigne la partie de droite, le *Tigre* la partie de gauche. Ἔστι καὶ ἄλλη ἐν τῇ Μεσηνῶν γῇ, τῷ Τίγρητι περιεχομένη, ἐν ᾗ σχίζεται ὁ Τίγρης ποταμός, καὶ ἐν μὲν τῇ δεξιᾷ μοίρα περιέρχεται ποταμὸς Δέλας, ἐν δὲ τῇ ἀριστερᾷ Τίγρης.

L'*Euphrate* et le *Tigre* qui, de *Samosate* à l'embouchure du *Chaboras*, sont éloignés l'un de l'autre de toute la longueur du *Musius*, c'est-à-dire de 360 milles, tendent à se rapprocher et le font d'une manière si persistante qu'arrivés à *Sitace*, et grâce à une légère inflexion du *Tigre*, les deux fleuves ne sont plus qu'à une faible distance et semblent vouloir, en cet endroit, marier leurs eaux. Mais là, par un dernier caprice, l'*Euphrate* se détourne brusquement vers le sud-ouest, pour former la *Chaldée*; puis, il s'endort dans les plaines du *Sennaar*, se morcelle en plusieurs petits bras, s'arrête dans des marécages et finit par ne verser que le plus faible tribut de ses eaux dans le *Pasitigris*, où il perd son nom avant de se confondre avec le golfe Persique.

De bonne heure, les souverains qui régnèrent sur les contrées enfermées par le *Tigre* et l'*Euphrate*, songèrent à utiliser les deux fleuves pour l'irrigation des campagnes et la facilité du commerce. De là, un système de canaux remontant à la plus haute antiquité, système qui unissait les deux fleuves et suppléait, par l'art, à ce que la nature avait refusé. Les auteurs grecs et romains ont parlé de ces canaux, mais la confusion des témoignages, à cet égard, ne permet pas de tirer, soit sur le nombre, soit sur l'emplacement de ces canaux, une grande lumière[1].

Strabon donne, ce semble, la raison de cette confusion, quand il dit que ces canaux, faciles à creuser dans un terrain d'alluvions, se comblaient aisément par les débordements périodiques de l'*Euphrate*, surtout si l'incurie des gouvernements prêtait la main à l'hostilité du fleuve. Alexandre le Grand, qui voulait faire servir ces tranchées aux vues particulières de son génie, en avait nettoyé d'anciennes, ouvert de nouvelles et supprimé quelques-unes[2]. D'où il résulte que tel écrivain, qui avait vu les vieux fossés, se trouve en désaccord avec tel autre écrivain postérieur qui parle des récents.

Ammien Marcellin[3] en mentionne deux principaux, savoir : le *Marsès* et le fleuve royal, *flumen regium*. Ce dernier est le fameux *Nahar-Malcha*, dû au roi Ammourabi ; il remontait

[1] Lib. XXIII, c. VI. — [2] Strabon, lib. XVI, p. 510. — [3] Lib. XXIII, c. VI.

aux temps les plus reculés. Obstrué par les atterrissements, *Nabuchodonosor*, le plus illustre des monarques *assyrio-babyloniens*, le remit en état, treize cents ans après sa construction. Ammien Marcellin le fait partir du bourg de *Macepracta* et se déverser dans le *Tigre* à *Ctésiphon*, après avoir passé, selon toute apparence, par *Séleucie*. Nous verrons toutefois que le *Nahar-Malcha* n'arrivait à la capitale sassanide que par un bras qui se comblait aisément. D'après Ptolémée, une branche de ce canal allait aboutir à *Apamée*, plus bas sur le *Tigre*. Quant au *Marsès*, qui paraît être le *Marsares* de Ptolémée, il partait également de *Macepracta* et courait dans l'intérieur des terres pour le service des villes et des campagnes situées dans la *Babylonie*[1].

Pline parle d'une autre tranchée seignant l'*Euphrate*, non loin de *Zeugma*, vers le bourg de *Massique*, traversant en écharpe la *Mésopotamie* et allant rejoindre le *Tigre* à *Séleucie*[2]. Ce canal, qui devait parcourir le long espace de 894 milles ou 1351 kil. 730 m., n'a laissé aucune trace dans l'antiquité, et son existence n'a pour témoignage que le nom de *Zeugma* et le chiffre de 894 milles que portent certains manuscrits de Pline. Mais, comme la plupart des manuscrits ne mentionnent que le chiffre de 94 milles (142 kil. 128 m.), distance qui concorde avec celle de *Macepracta* à *Séleucie*, et que, d'un autre côté, le nom de *Zeugma* est employé, en divers lieux, pour désigner un pont, il est manifeste que la tranchée de Pline n'est autre chose que le fleuve royal ou *Nahar Malcha*. Bien que ces divers canaux reçussent forcément les eaux des deux fleuves, Ammien Marcellin les fait dériver de l'Euphrate, qu'il appelle en cet endroit *tripartitus*.

Il y avait encore d'autres fossés, notamment celui qu'on appelait *Pallacoppa*, pratiqué sur la rive droite de l'*Euphrate* au-dessus de *Babylone* et qui allait aboutir à un lac déjà transformé en marais au temps d'*Edrisi*. Ce lac, dû à la munificence de la reine *Nitocris*, mère de Nabuchodonosor, avait pour but de

[1] Lib. XXIV, c. II. — [2] Pline, lib. V, c. XXI.

servir de déversoir aux eaux de l'Euphrate, à l'époque des crues et de préserver la capitale des inondations du fleuve.

Que sont devenus la plupart de ces canaux qui, à l'époque des Sassanides, faisaient encore de la *Mésopotamie* et de la *Chaldée* l'une des contrées les plus fertiles du globe ? Ils ont disparu sous la pression de cette barbarie qui pèse sur l'Orient. On voit encore la place qu'ils occupaient, et leurs levées, semblables à une suite de *tumuli*, sont là pour attester que la civilisation a vécu dans ces contrées [1].

C'est cette terre, baignée par l'*Euphrate* et le *Tigre*, qui fut probablement le théâtre des premières scènes de la vie humaine, avant le déluge, et où se sont ensuite retrouvés les débris de la génération adamique échappés à cette grande révolution du globe. C'est là qu'ont pris naissance les premières agrégations politiques, qu'ont été construites les premières villes du monde : *Babylone, Arach, Achad, Chalanne*, dans la terre de *Sennaar ; Resen, Ninive* et *Chalé*, dans le pays d'*Assur*. C'est là que s'est élevé le premier empire, qu'a paru le premier conquérant, *Nemrod*, enfin, que l'histoire a commencé. Quand l'Europe était encore déserte ou sauvage ; quand la Grèce ne produisait que des fables, les rives de l'*Euphrate* et du *Tigre* connaissaient déjà la civilisation, civilisation qu'il ne faudrait pas comparer à la nôtre sans doute, civilisation à laquelle se mêlait beaucoup de barbarie et de cruauté, mais civilisation qui s'annonçait par la grandeur des souverains, l'immensité des capitales, la splendeur des monuments, le progrès des arts, les bienfaits de l'administration. Longtemps ce coin de terre régna sur la grande et la petite Asie ; Alexandre rêva d'y établir le centre du monde, et lorsque, après la mort prématurée de ce conquérant, le génie de la politique transporta ailleurs son siége et son activité, ce coin de terre ne cessa pas, pour cela, d'être le théâtre de l'ambition des rois et des peuples. Grecs, Syriens, Arméniens, Parthes, Romains, le prirent successivement pour champ de bataille et l'arrosèrent de flots de sang. Crassus et Antoine l'il-

[1] V. le baron Ernouf, *le Caucase, la Perse et la Turquie d'Asie*, p. 358.

lustrèrent par leurs défaites. Plus tard, Trajan et Sévère le parcoururent en vainqueurs. Depuis qu'un soldat de fortune, Artaxerxès, avait relevé en Orient le trône de Cyrus, les Romains et les Perses s'y donnaient tour à tour de dures leçons. Tout récemment, Constance y avait essuyé une série d'humiliations, et c'était pour les effacer que le vainqueur des Germains dans les Gaules se préparait à reporter la guerre en *Mésopotamie.* Sur cette vieille arène des peuples, Julien venait, dans sa pensée, jouer le sort de la Perse, mais, dans les décrets de la Providence, il n'allait y jouer que sa propre destinée.

Ici, nous retrouvons Ammien Marcellin que nous ne quitterons plus. C'est lui qui nous dit que Julien était venu s'établir à Antioche, dans le milieu de l'été de l'année 362, afin de s'y occuper des préparatifs de la guerre. Donc, Antioche devant être le point de départ de la ligne d'opérations de l'armée romaine, il est naturel que nous recherchions ce qu'était alors cette ville fameuse.

Tout le monde sait qu'Antioche fut fondée sur l'*Oronte,* par Séleucus Nicator, trois cents ans avant l'ère chrétienne, pour être la capitale du royaume gréco-syrien. Comblée, sans interruption, des faveurs royales, elle ne tarda pas à effacer les cités les plus célèbres de l'Orient. Chose remarquable, après l'extinction de la monarchie syrienne, Antioche ne perdit rien ni de sa splendeur ni de sa prospérité, pour n'être plus que le chef-lieu d'une province romaine. La suzeraineté de l'intelligence remplaça alors pour elle l'éclat de la royauté. Les poëtes, les littérateurs, les philosophes s'y donnaient rendez-vous. Sa position en fit le centre du commerce. Puis vint le christianisme, qui lui prêta un lustre nouveau. C'est dans son sein que les disciples de l'Évangile prirent le nom de chrétiens, et elle tint à honneur de justifier cette gloire.

A l'époque où Julien vint l'habiter, on peut dire qu'Antioche avait atteint son apogée. Ammien Marcellin l'appelle une ville illustre et sans rivale dans le monde, *mundo cognita civitas, cui non certarerit alia*[1] : la capitale de l'Orient, *Orientis api-*

[1] Lib. XIV, p. 26.

cem pulchrum[1]. En effet, nulle autre n'étalait plus de commodités, plus d'élégance, plus d'agréments et de richesses ; nulle autre ne possédait de plus beaux édifices en tout genre. Les auteurs ecclésiastiques n'en parlent qu'avec respect et l'appellent *cité de Dieu*, œil de l'Église d'Orient. Au douzième siècle, malgré les désastres réunis des tremblements de terre, des révolutions et de la guerre, qu'elle avait subis, Guillaume de Tyr en fait une description pompeuse[2], et le géographe Edrisi vante la magnificence de ses monuments, l'activité de son commerce et la richesse de son industrie[3]. Son immense enceinte embrassait quatre collines. Une muraille continue, flanquée de cent trente tours, l'entourait d'un boulevard inexpugnable. On aurait dit quatre villes réunies en une seule. Aussi lui avait-on donné le nom de *Tétrapole*, Τετράπολις. On peut encore aujourd'hui se représenter le merveilleux effet de cette quadruple cité jetée en amphithéâtre sur quatre montagnes, car les gigantesques remparts qui les enserrent ont bravé la faulx du temps ; ils sont toujours debout pour justifier l'admiration du passé.

Une question de curiosité se présente ici : quelle était la population de la capitale des Séleucides ? Il ne serait pas possible de l'indiquer même approximativement, l'antiquité ne nous ayant légué, sur ce point, aucun renseignement statistique. Mais il est permis de hasarder quelques conjectures. Par exemple, trente ans après l'expédition de Julien, saint Chrysostome disait, dans un de ses discours aux fidèles d'Antioche : « S'il est difficile de gouverner cent et même cinquante hommes, quelle autorité et quelle sagesse ne faudra-t-il pas pour régir une si grande ville et un peuple de deux cent mille hommes[4] ? » A prendre à la lettre cette estimation, Antioche n'aurait renfermé, vers la fin du quatrième siècle, qu'une population de deux cent mille âmes, Mais les termes dont se sert l'orateur, 'Ανδρῶν, δῆμον, donnent à penser que saint Chrysostome a voulu indiquer seulement la population masculine adulte. Dans cette hypothèse, la population

[1] *Id.*, lib. XXII. p. 290. — [2] Lib. IV. — [3] T. II, p. 131. — [4] *In Ignatium martyrem*, t. II. p. 712, édit. Gaume.

féminine adulte ne pouvant être au-dessous de deux cent mille âmes, si l'on ajoute à ces deux nombres deux cent mille âmes encore pour la partie de l'enfance et de l'adolescence, on arrive à une population de six cent mille âmes.

Cette évaluation nous paraît d'autant plus vraisemblable qu'elle s'accorde avec une autre, basée sur des données différentes. Par exemple, cent vingt-cinq ans après saint Chrysostome, sous le règne de Justin, à une époque où Antioche n'avait rien perdu de sa grandeur et de sa prospérité, un horrible tremblement de terre ébranla la capitale de la Syrie. Tous les historiens sont unanimes à dire que jamais fléau plus désastreux n'affligea aucune ville. La moitié d'Antioche fut couchée dans la poussière et une grande partie de sa population resta ensevelie sous les décombres. Procope, qui était contemporain, hasarde, sur la foi de la renommée, le chiffre de trois cent mille [1]. Jean Malala, qui vivait cinq siècles après la catastrophe, porte le nombre des victimes à deux cent cinquante mille [2]. Si l'on trouve qu'il y ait de l'exagération dans le premier témoignage, on ne doit point en supposer dans le second qui a tout l'air de représenter une moyenne entre des sommes diverses. Or, quelle que soit l'évaluation qu'on adopte, on ne peut supposer qu'Antioche ait perdu plus de la moitié ou moins du tiers de ses habitants; d'où il résulte qu'on arrive toujours à six cent mille âmes, chiffre probable de la population de cette ville célèbre. Car, depuis Ninive et Babylone qui, selon toutes les données antiques, paraissent avoir porté le nombre de leurs habitants à douze cent mille, l'histoire ne dit point qu'aucune autre cité, si ce n'est Rome, ait fourni une agglomération aussi considérable. Longtemps même on a douté de la réalité d'un tel amoncellement de l'espèce humaine sur un seul point, et il ne fallait rien moins que l'exemple moderne de Paris et de Londres pour montrer que ce n'était point une fable.

Ces notions préliminaires exposées, nous allons suivre l'expédition romaine. Le 5 mars 363, Julien partit d'Antioche pour

[1] *De Bello Persico*, c. XIV. — [2] *Chronographia. Justinus imperat. ad Calcem.*

rejoindre son armée qui filait vers la *Mésopotamie* et se porta sur *Hierapolis*. Deux voies s'offraient pour atteindre l'*Euphrate :* l'une, par *Gephyra*, *Gendarum*, aboutissant directement à *Zeugma*, après avoir mesuré 117 milles, soit 176 kil. 900 m.; l'autre, par *Emma*, *Chalcis*, décrivant un contour au midi, par *Béroé*, *Batnès*. Celle-ci aboutissait à *Hierapolis*, après avoir mesuré 164 milles, soit 232 kil. 848 m. Comme *Zeugma* possédait un pont de pierre qui unissait les deux rives de l'*Euphrate*, et qu'on pouvait supposer, de ce côté, la présence de l'ennemi, l'empereur préféra la voie d'*Hierapolis*, quoique plus longue, et bien qu'il fallût, pour franchir le fleuve, improviser un pont ; parce qu'il tenait à masquer son mouvement d'invasion, *ut fama de se nulla præversa, improvisus Assyrios occuparet*[1], dit Ammien Marcellin. L'historien ajoute que l'empereur suivit la voie accoutumée, *Hierapolim solitis itineribus venit*[2].

Quelle était cette voie? Julien nous l'apprend lui-même, dans une lettre à Libanius datée d'*Hierapolis*[3]. Il dit à ce rhéteur qu'après son départ d'Antioche il alla coucher à *Litarbes*, bourg du territoire de *Chalcis*, qu'il eut toutes les peines du monde à arriver jusque-là, à cause du mauvais état des chemins. Depuis longtemps, il n'est plus question de *Litarbes*, dont le nom n'est pas même mentionné dans la carte de Peutinger. Mais *Chalcis* avait une certaine importance, et les historiens des croisades en retrouvèrent les traces à *Artesia* qui subsiste encore dans le nom d'*Ertesy*. Julien fit une halte d'un jour à *Béroé*, et il convient de nous y arrêter avec lui. Ce sont les Macédoniens qui appelèrent cette ville *Béroé*. Son nom primitif est *Chalybon*. Les Romains lui conservèrent celui de *Béroé*, sous lequel elle est désignée, soit dans l'itinéraire d'Antonin, soit dans la carte de Peutinger, à 82 milles d'Antioche, soit 123 kil. 894 m. Elle l'a retenu tant que les souverains de Byzance dominèrent en Syrie. On le lit encore dans Procope. Mais les historiens pos-

[1] Lib. XXIII. c. II. — [2] *Ibid.* — [3] *Histoire de l'empereur Jovien*, par La Bleterie, t. III, let. XXXV.

térieurs à la conquête musulmane ressuscitent la dénomination syrienne dans le mot *Chalep*, dont la prononciation gutturale des Arabes a fait *Halep* ou *Haleb* [1], nom qu'elle porte aujourd'hui. Située sur un plateau, bornée, à l'occident, par un chaînon de l'*Amanus*, à l'orient, par le désert qui s'étend jusqu'à l'Euphrate, elle n'offrait, au quatrième siècle, rien de remarquable, effacée qu'elle était par la magnificence d'Antioche. Mais depuis longtemps, grâce à l'un de ces revirements du sort qu'il est difficile d'expliquer, sa superbe rivale n'est plus rien, tandis que l'humble *Chalybon* est devenue une des plus puissantes cités de l'Orient.

La station qui vient après celle de *Béroé*, à une distance de 54 milles, est *Batnès*. Julien compare cet endroit, pour la beauté du paysage et le luxe de la végétation, à Daphné, si renommé, près d'Antioche. Il s'appelle actuellement *Adaneh*, qui veut dire encore un lieu de délices. L'éloignement de *Batnès* à *Hierapolis* est de 18 milles, ou 27 kil 216 m. D'*Hierapolis* jusqu'à l'*Euphrate*, il y a quatre *schènes*, dit Strabon [2], ou 24 kil. 192 m. Le schène, selon d'Anville, équivaut à 4 milles romains. C'est à peu près la distance qui sépare de l'*Euphrate Mambedj* qui a remplacé *Hierapolis*. Le nom primitif de cette ville était *Bambyce*. On l'avait échangé, sous Séleucus Nicator, contre celui d'*Hierapolis*, qui signifie ville sacrée, en raison du culte d'*Atergatis*, ou *Derceto*, ou encore *Astarté*, par lequel elle s'était rendue célèbre dans tout l'Orient. Moins gênée que *Béroé* par la proximité d'*Antioche*, *Hierapolis* avait aussi pu se développer plus librement. Depuis surtout que, eu égard à sa position, elle avait été élevée à la dignité de métropole de l'*Euphratésienne*, l'ancienne province de *Comagène*, son importance s'était encore accrue. On peut estimer sa splendeur passée par les ruines de ses monuments que le voyageur peut visiter, entre le village d'*Ophiri* et l'*Euphrate*.

Julien avait fixé Hierapolis pour rendez-vous à ses troupes qui arrivaient dans toutes les directions. A point nommé, quatre-

[1] Edrisi, t. II. p. 131. — [2] Lib. XVI, p. 515.

vingt-dix mille hommes se trouvèrent réunis sous ses yeux. Encore ce nombre devait-il être considérablement augmenté par les contingents du roi d'Arménie et des princes arabes. C'était une des plus belles armées que l'empire eût mises sur pied. Comme les coureurs, détachés en avant pour pressentir l'ennemi, ne l'avaient rencontré nulle part, Julien pouvait, sans inconvénient, d'*Hierapolis* se porter sur *Zeugma*, où le pont de pierre mentionné lui aurait facilité le passage de l'*Euphrate*. Pour cela, il n'avait à faire que 10 milles, ou 15 kil. 120 m., de plus, en suivant la voie romaine. Mais, par un excès de prudence dont il ne s'inspira pas toujours, il aima mieux suivre son premier plan, et franchit, devant *Hierapolis*, le fleuve sur un pont de bateaux, *Euphrate navali ponte transmisso* [1].

Transporté de la sorte dans l'*Osroène*, Julien prit sa route vers le nord, à travers champs, pour gagner la voie romaine de *Zeugma*. Il la rejoignit à *Batnas*, municipe de l'*Osroëne*, dit Ammien Marcellin. Zozime affirme la même chose [2]. Au lieu de *Batnas*, la carte de Peutinger porte *Batius*. Mais ce n'est là qu'une variante qui ne détruit point l'identité des deux noms. Ainsi, il faut admettre deux *Batnès*, l'un en *Syrie*, l'autre en *Osroëne*, et, sur ce point, l'itinéraire d'Antonin, la carte et les historiens sont d'accord.

Julien ne fit que passer à Batnès et se hâta d'arriver à *Charres*, laissant *Edesse* ou *Callirohë* à sa gauche. Ici, nous retrouvons une de ces cités antiques qui remontent à l'origine des sociétés, cité avec laquelle l'histoire sainte nous a familiarisés dès notre enfance. *Charres* n'est autre chose que cette ville d'Harran [3] où la famille d'Abraham vint chercher un asile et d'où ce patriarche partit lui-même, sur l'ordre de Dieu, pour se rendre dans la terre de *Chanaan*. Nous ignorons totalement par quelles vicissitudes *Harran* passa, pendant le long intervalle qui s'écoula, depuis ce fait biblique, jusqu'à l'époque où la puissance romaine se montra au delà de l'*Euphrate*. Alors, *Charres* acquit une triste célébrité par la mort du triumvir Crassus et le désastre de

[1] *Ibid.* — [2] Lib. III. — [3] Edrisi, t. II, p. 165

ses légions. Mais en 363, l'arrivée, dans ses murs, d'un empereur, à la tête d'une armée jusque-là triomphante, semblait un événement fait pour lui procurer une grande illustration. Malheureusement rien de semblable ne devait s'ensuivre.

A *Charres*, Julien se trouvait à 75 milles, soit 111 kil. 888 m., de *Zeugma*. Il avait l'air de vouloir côtoyer le *Masius* et porter la guerre sur le haut *Tigre*, peut-être dans l'*Adiabène*. Mais ce mouvement, depuis l'*Euphrate* jusqu'à *Charres*, n'était qu'une marche simulée, une pointe. L'empereur n'avait pas le dessein de prendre la Perse à revers, il voulait, au contraire, la frapper au cœur. C'est pourquoi il s'arrêta à *Charres*, donna trente mille hommes d'élite, cinq légions, aux généraux Procope et Sébastien, afin d'empêcher une diversion de l'ennemi sur ses derrières ; pour lui, avec le gros de l'armée, il se rabattit sur sa droite, *flexit dextrosus*[1], et alla retrouver l'*Euphrate*, où il avait fait préparer une flottille de mille bâtiments chargés de munitions et de vivres, destinée à suivre l'expédition.

Dans cette marche oblique, Julien rejoignit le *Bélès* ou *Bélias*, d'autres disent *Bélicha*, et vint à *Davana* ou *Dabana*. Le surlendemain, il était à *Callinicum*, situé au point de jonction du *Bélès* et de l'*Euphrate*. Nous ne connaissons pas de cité qui ait essuyé plus de révolutions nominales que celle-ci. L'avantage de la position ayant déterminé Alexandre le Grand à bâtir dans ce lieu une ville grecque, ce conquérant l'appela *Nicephorium* qui, en latin, se traduirait par *Victoriæ tributum*. Plus tard, Séleucus, roi de Syrie, surnommé *Callinicus*, fortifia cette place et lui imposa son surnom. Au neuvième siècle, un empereur byzantin substitua *Leontopolis* à *Callinicum;* enfin, au douzième siècle, nous la trouvons désignée, dans Edrisi, sous le nom de *Racca*, qui est encore celui qu'elle porte aujourd'hui. Ammien Marcellin la qualifie de place très-forte, *munimentum robustum*[2].

Julien ne séjourna pas à *Callinicum*, mais il se porta rapidement sur *Cercusium* où il arriva au commencement d'avril,

[1] *Ibid.*, III. — [2] *Ibid.*, III.

après avoir reçu, chemin faisant, les contingents des princes arabes. Cette ville est située au confluent de l'*Aboras* ou *Chaboras* et de l'*Euphrate* qui l'enferment comme dans une île triangulaire, *cujus mœnia Abora et Euphrates ambiunt flumina, velut spatium insulare fingentes* [1]. Une position que la nature a fortifiée de la sorte devait attirer l'attention de tout gouvernement soucieux d'assurer ses frontières menacées. Aussi voit-on, dès la plus haute antiquité, une place de guerre sous le nom de *Carchemich*, élevée dans ce lieu, pour y être le boulevard de l'empire assyrien, contre les entreprises de l'Égypte surtout. Effectivement, c'est Carchemich que, sur la fin du règne de *Nabopolassar*, *Pharaon Nechao* vint assiéger, après avoir battu, dans la plaine d'*Esdrelon*, le roi Josias qui y perdit la vie. Son importance baissa après la chute de la monarchie chaldéenne. Son nom même se corrompit, d'abord en celui de *Circesium*, puis en celui de *Cercusium*. On retrouve quelque chose du nom primitif dans la *Karkesia* actuelle. A l'époque de Julien, elle méritait de nouveau sa renommée de place forte, grâce à l'empereur Dioclétien qui, voulant en faire un rempart contre les incursions des Arabes, avait relevé ses murailles et ses tours [2].

Il est à remarquer qu'Ammien Marcellin ne mentionne point, dans l'itinéraire de l'armée romaine, la célèbre ville de *Thapsacus*, où le grand Alexandre traversa l'*Euphrate* lorsqu'il alla chercher l'armée de Darius à *Arbèle*. Mais l'examen des lieux fournit, ce semble, l'explication de ce silence. Avant d'arriver au *Chaboras*, l'*Euphrate* forme un coude. Or, il est à croire que Julien, pour épargner à son armée la longueur de la flexion du fleuve, lui fit suivre le côté opposé à l'angle où était situé *Thapsacus*, et employa, à se reposer dans *Cercusium*, le temps que la flottille dut employer à atteindre cette ville. *Moratur apud Circesium*, dit Ammien Marcellin [3].

Le Chaboras ayant été franchi à l'aide d'un pont de bateaux, *per navalem pontem*, Julien vint à *Zaïtha*, dont le nom, dit

[1] *Ibid.*, IV ; Procope, *de Bello Persico*, lib. II, c. v. — [2] *Ibid.*, [illegible] — [3] *Ibid.*, V.

Ammien Marcellin, signifie *Olea arbor*. Puis, sans s'arrêter, il gagna *Dura*. Ici un court examen des distances que nous venons de parcourir est indispensable. Depuis *Charres* ou *Harran*, n'ayant plus à notre disposition les mesures si précises de l'itinéraire et de la carte, et les auteurs anciens ne fournissant que des données vagues ou contradictoires, nous sommes obligé de recourir aux indications qui se trouvent dans le géographe arabe Edrisi. Ce savant marque, en diverses étapes, d'*Harran* à *Racca* ou *Callinicum*, 42 milles, puis, de *Racca* à *Kerkisia*, *Cercusium*, quatre journées. Or comme, dans un autre endroit, Edrisi évalue la distance, entre *Harran* et *Racca*, à trois journées, il s'en suivra que la distance entre *Kerkisia* et *Racca* est plus longue de 14 milles que celle d'*Harran* à *Racca*. Mais il n'est pas douteux, dit d'Anville, que le mille indiqué par Edrisi ne soit le mille arabique, comparable à mille toises [1]. Donc, il est clair que la distance approximative de *Charres* à *Circesium* est égale à quatre-vingt-dix-huit fois mille toises, ou à 196 kil. En ajoutant à cette somme les 60 stades marquées par Zozime [2], entre *Circesium* et *Zaïtha*, correspondant à 11 kil. 320 m., il s'en suivra que Julien avait parcouru, depuis *Charres* jusqu'à *Zaïtha*, 207 kil. 340 m. Si l'on tient compte, d'abord de la masse de cent mille hommes dont se composait l'armée romaine après la jonction des contingents arabes ; puis, de la nécessité, pour ne pas manquer de vivres, de ne jamais trop dépasser la flottille, obligée de suivre toutes les sinuosités de l'Euphrate, on conviendra que la marche de Julien avait été aussi rapide que possible.

Mais une difficulté se présente. Ammien Marcellin, dont on connaît l'exactitude, dit que l'armée vit à *Zaïtha* le *tumulus* que les soldats romains avaient élevé, un siècle avant, au jeune empereur Gordien, mis à mort par Philippe, *hic Gordiani imperatoris longe conspicuum vidimus tumulum* [3]. De son côté, Zozime écrit que le monument de Gordien était à *Dura* [4]. A son tour, Eutrope affirme que ce tombeau était à 20 milles romains

[1] *Le Tigre et l'Euphrate*, p. 49. — [2] Lib. III. — [3] *Ibid.*, V. — [4] Lib. III.

de *Cercusium*[1]. Or, la distance de *Cercusium* à *Dura* étant à peine de 14 milles romains, on se demande comment Eutrope a pu avancer que le *tumulus* de Gordien se trouvait à 20 milles de *Cercusium* : puis, si de fait, le dit *tumulus* était à 20 milles de *Cercusium*, on se demande encore comment Ammien et Zozime ont pu dire, l'un, qu'il se trouvait à *Zaïtha*, l'autre à *Dura*. Il est vrai qu'on pourrait récuser le témoignage de Zozime, cet historien ayant écrit plus de quarante ans après Julien, tandis qu'Ammien Marcellin et Eutrope[2] sont deux témoins oculaires, puisqu'ils faisaient partie de l'expédition. Mais cette ressource est vaine. Elle ne trancherait pas la difficulté d'abord, puis la contradiction d'Ammien Marcellin et d'Eutrope donne au témoignage postérieur de Zozime une sorte d'autorité. Les commentateurs se sont arrêtés devant cette obscurité. Toutefois, il n'est pas impossible de l'éclaircir, parce qu'il est possible de concilier les dissentiments des historiens, et c'est un mot d'Ammien Marcellin qui nous en suggère le moyen. Cet historien s'exprime ainsi : « Nous aperçûmes le tombeau de Gordien *visible de loin*, *longe conspicuum*. » De ces paroles, on doit conclure que le monument : 1° n'était point sur la route, puisque l'armée l'aurait vu de près et non de loin, *longe* ; 2° qu'il ne pouvait être à droite, puisqu'on y avait l'Euphrate. Il était donc sur la gauche, au loin, dans la plaine. Or, dans cette position, rien n'empêche de dire que le monument était à 20 milles de *Cercusium*, qu'il était visible, à cette distance, grâce à sa grandeur et à la limpidité dont l'atmosphère jouit dans ces contrées, de *Zaïtha* aussi bien que de *Dura* ; de telle manière que, suivant qu'on descendait ou remontait le fleuve, on pouvait l'attribuer à l'un ou à l'autre de ces deux endroits.

Ammien Marcellin compte, entre *Dura* et *Anatha*, une distance de quatre jours de marche, que Zozime exprime par quatre stations[3]. Les jours de marche d'Ammien Marcellin ne désignant point une distance régulière, et Zozime ne notant pas la valeur de ces stations, force nous est encore de recourir à la donnée

[1] Lib. X. — [2] *Ibid.* Cui expeditioni ego quoque interfui. — [3] Lib. III.

d'Edrisi, qui évalue à 14 milles arabiques ou à 28 kil. une journée de marche, ce qui établirait, entre *Dura* et *Anatha*, une distance de 96 kil.

Les géographes notent, dans cet intervalle, l'existence d'un cours d'eau qui se jette dans l'*Euphrate* et auquel ils donnent le nom de *Socoras*. Nous avons déjà parlé du *Socoras*, mais, comme Ammien Marcellin ne le mentionne pas, nous pensons, avec d'Anville, que ce cours d'eau n'est qu'une ravine, bien qu'il figure avec une certaine importance sur la carte de ce savant. *Anatha*, dont le nom subsiste encore dans *Anah*, était une place forte située dans une île de l'*Euphrate*: elle se rendit à la première sommation. L'empereur brûla cette place. *Thilutha* et *Achiachala*, deux châteaux également bâtis au milieu du fleuve, refusèrent de se rendre; mais, comme ils étaient susceptibles d'une très-longue résistance, on passa outre, de peur de s'affaiblir ou de se retarder. Dans la marche de la journée suivante, Ammien Marcellin dit qu'on rencontra des campements abandonnés, *castra ob muros invalidos derelicta;* puis, le lendemain et le surlendemain, on fit 200 stades, c'est-à-dire 38 kil. 900 m., pour arriver à *Baraxalmacha;* après quoi, l'armée traversa une rivière que notre historien ne nomme point, mais qui, selon toute apparence, est le *Seilat* de *Texeira*. Elle fit encore une marche de 7 milles, 10 kil. 584 m., et atteignit *Diacira*, qu'on incendia, après en avoir enlevé d'abondantes provisions qu'elle renfermait. On franchit ensuite une source de bitume, *trajecto fonte scatenti bitumine*, et l'on occupa *Ozogardana*, que Zozime appelle *Zaragardia*. Tous les habitants ayant fui, Julien détruisit la place et donna deux jours de repos à son armée. Le bitume est encore un des produits de la *Mésopotamie*, et l'on ne doit point être étonné quand on voit, dans la Genèse, les premiers habitants de cette région se servir, pour bâtir *Babylone*, de bitume au lieu de ciment, *habuerunt bitumen pro cemento* (XI, 3). D'Anville marque, non loin de la source de bitume, l'*Aeiopolis* d'Isidore de Charax, qui ne peut être que le *Hit* d'Edrisi. Parvenu à ce point, Julien avait parcouru, depuis *Anatha*, une distance de 63 milles arabiques, équivalant à 126 kilomètres.

Jusque-là, l'armée romaine n'avait signalé sa marche que par la dévastation, ce qui explique la solitude des lieux devant l'invasion. A vrai dire, la guerre n'était point encore commencée, puisque l'ennemi ne s'était montré nulle part. Mais, au moment où l'on allait atteindre *Maceprarta*, il y eut une affaire d'avant-garde, d'où les Romains sortirent vainqueurs.

A *Maceprarta*, dit Ammien Marcellin, l'*Euphrate* se bifurque. Une partie du fleuve fuit dans la direction du sud, l'autre tourne vers l'est, pour aboutir à *Ctésiphon*. C'est le fleuve royal dont nous avons parlé, ou le canal de *Nahar-Malcha*. Au point même de bifurcation, on avait construit une haute tour ou phare, dans le but d'éclairer la navigation des deux courants. L'armée passa le canal à l'aide d'un pont de bateaux, et se porta sur *Pirisabora*. Si *Hit* est l'ancienne *Aciopolis* et *Ambar*, *Pirisabora*, comme tout porte à le croire, la distance de l'une à l'autre de ces deux villes devait être de 57 milles arabiques, selon Edrisi, c'est-à-dire 114 kilomètres.

Pirisabora, dit Ammien Marcellin, est une grande et populeuse ville, entourée d'eau de tous côtés. Sa fondation datait des Sassanides. Si nous en croyons Libanius[1], Sapor lui aurait donné le nom qu'elle portait. Elle paraissait imprenable. Toutefois, malgré sa force, elle tomba en trois jours sous les coups de l'armée romaine. On la détruisit de fond en comble. *Maogalmacha* ou *Mazzoalmacha*, non moins grande et non moins puissante que *Pirisabora*, subit le même sort. Ces deux villes n'étaient qu'à une faible distance l'une de l'autre, et l'on ne s'explique pas l'existence prospère de telles agglomérations aussi rapprochées. *Pirisabora* se releva plus tard, mais *Maogalmacha* ne survécut pas à sa ruine et il n'en est pas question dans le livre de d'Anville.

De *Maogalmacha* à *Séleucie* il n'y avait qu'un pas. Cette cité qu'Ammien Marcellin qualifie d'ouvrage ambitieux de Séleucus Nicator, *ambitiosum opus Nicatoris Seleuci*[2], fut bâtie dans le voisinage d'un lieu plus ancien, nommé *Coche*. Sa for-

[1] *Orat. Funeb.*, p. 315. — [2] *Ibid.*, XXIII, c. VI.

tune avait été si rapide et son accroissement si prodigieux, qu'au temps de Pline[1], elle ne renfermait pas moins de six cent mille âmes. Mais frappée, deux siècles avant, par un lieutenant de l'empereur Lucius Verus, Séleucie était restée abattue sous ce coup mortel. En 363, elle ne présentait que des décombres, et Julien ne jugea pas qu'il valût la peine de s'y arrêter. Du reste, à *Séleucie*, on se trouvait à la vue de Ctésiphon, la capitale de la Perse, et ce point seul fixait à lui seul tous les regards. Il doit fixer aussi ceux du géographe.

Ctésiphon était à 3 milles, 4 kil. 536 m., de Séleucie, ce qui empêchait ces villes d'être tout à fait en face. Ammien Marcellin lui assigne pour fondateur un prince nommé *Vardanes*, qui vivait à une époque reculée, *priscis temporibus* et n'est connu dans l'histoire que par cet unique fait[2]. Pacorus, dans lequel il faut voir, sans doute, ce roi parthe que le lieutenant du triumvir Antoine Ventidius vainquit et mit à mort, embellit, fortifia cette ville. Il ne lui donna pourtant pas le nom grec qu'elle portait, comme le dit Ammien Marcellin, faussement renseigné sur ce point ; car, le nom de *Ctésiphon* est déjà mentionné par Polybe, longtemps avant Pacorus[3]. Strabon l'appelle un grand village, κώμη μεγάλη[4], dans lequel les monarques arsacides avaient coutume de passer l'hiver. Mais Pline en parle déjà comme de la capitale de tout l'empire parthe[5], *nunc caput est regnorum*. A l'époque de Julien, elle était au plus haut point de sa fortune. Depuis longtemps les terribles révolutions de l'Orient l'ont portée par terre. Son nom même a disparu dans cette suite de cataclysmes, et la petite ville de *Modain* a remplacé l'orgueilleuse *Ctésiphon*. « On y voit, dit Edrisi, des ruines imposantes et des vestiges d'édifices remarquables par leur grandeur et leur élévation[6]. » Toutefois ces nobles restes n'appartiennent point aux monuments de cette première période des Sassanides. Ce sont ceux du Tak-i-Kesra, dont la construction est de beaucoup postérieure au siècle d'Ammien Marcellin, puisqu'on en fait le palais

[1] Lib. VI, c. xxx. — [2] *Ibid.*, XXIII, c. vi. — [3] Lib. V, c. xlv. — [4] Lib. XVI. — [5] Lib. VI. — [6] T. II, p. 160.

des derniers *Chosroës* : palais qui fut détruit en 636 par les musulmans dans l'invasion de la *Perse*. Olivier ne parle qu'avec admiration, au livre quatrième de son voyage en Orient [1], de ce royal débris, et, si nous en croyons un voyageur plus récent : ni les ruines assyriennes, ni celles de Palmyre ne produisent une impression aussi saisissante que Tak-i-Kesra [2].

On se demande ici comment il se fait qu'au nombre de ces grandes villes que Julien s'efforçait de détruire ou d'occuper, nous ne voyons pas figurer *Babylone*. Qu'était donc devenue la superbe cité de Sémiramis, avec ses 91 kilomètres de tour, ses murailles de deux cents pieds de haut, de cinquante de large, ses jardins suspendus, ses palais et ses quais magnifiques ? Ammien Marcellin en parle cependant, mais comme d'une ville complétement tombée, dépouillée de ses ornements et qui n'était plus que l'ombre d'elle-même : *Babylona procedisse, ornamentis omnibus spoliatam* [3], constatant par là, sans s'en douter, l'accomplissement des oracles divins sur cette fameuse capitale. La justice de Dieu est lente parce que les siècles en sont les ministres. Et voilà pourquoi Babylone, après sa condamnation, avait pu longtemps encore garder son lustre et son importance, même après la chute de l'empire chaldéen, même pendant la durée entière de la monarchie de Cyrus. Un moment, Alexandre le Grand, en lui prodiguant ses faveurs, parut vouloir faire mentir les anathèmes d'Isaïe et de Jérémie. Jamais elle ne sembla plus près qu'alors de l'empire du monde. Mais Alexandre s'évanouit comme un météore, et, après lui la décadence, une décadence irrémédiable, commença, pour Babylone, avec les Séleucides qui l'abandonnèrent pour *Séleucie* et *Antioche* surtout. On dirait que les *Arsacides* et les *Sassanides*, qui succédèrent aux *Séleucides* en Orient, s'étaient entendus pour conspirer l'extinction de Babylone, en bâtissant, à côté d'elle, des cités dont l'effet naturel était de la ruiner. Elle continua à mourir lentement. Au temps de Pline, on voyait encore debout le

[1] *Voyage dans l'empire ottoman*, t. IV, XIV. — [2] Le baron Ernouf, *le Caucase*, etc., p. 353. — [3] Lib. XXIII, c. VI.

temple de son Jupiter *Belus*. *Durat adhuc ibi Jovis Beli templum*[1]. A l'époque de Julien, ses derniers habitants avaient disparu, et l'immense enceinte de ses murailles servait à parquer les animaux que les rois de Perse entretenaient pour les plaisirs de la chasse[2]. Alors encore, il était possible de distinguer les restes du palais de *Nabuchodonosor* mais les reptiles, dont ses substructions étaient le repaire, en éloignaient les curieux. L'arabe, comme le dit Isaïe, ne pouvait pas même y abriter sa tente, ni le pasteur y chercher un asile contre les feux du jour[3]. O vanité de la puissance et de la gloire! La grande Babylone était bien, cette fois, descendue dans la tombe! Et le beau fleuve qui lui apportait naguère les richesses de l'Orient, devenu son implacable ennemi, depuis que les digues ne contenaient plus ses eaux, achevait de l'anéantir en entraînant, dans le golfe Persique, les débris épars de ses merveilleux édifices.

La gloire de Babylone était finie, et celle de Julien touchait à son terme. Nous avons laissé cet empereur devant *Ctésiphon*. Pour arriver jusqu'aux remparts de cette ville, il fallait passer le *Tigre*, et pour que l'armée pût se maintenir au delà du fleuve, il fallait y introduire la flottille. Or, le canal de *Nahar-Malcha* n'aboutissait pas au *Tigre*. Cet obstacle n'arrêta point l'empereur. Son génie l'inspirait encore. En quelques jours l'armée nettoya la longueur de trente stades d'un vieux bras du *Nahar-Malcha*, et la flottille entra triomphante dans le *Tigre*. L'ennemi, ayant tenté de s'opposer au passage du fleuve, essuya une éclatante défaite. Sapor demandait la paix. La fortune paraissait sourire à Julien. Pour en finir avec la monarchie sassanide, il ne s'agissait plus que de prendre sa capitale, et rien ne semblait pouvoir empêcher ce coup décisif. Mais l'heure de la Perse n'était point sonnée.

Comment *Ctésiphon* ne tomba-t-elle pas au pouvoir de Julien? Comment cette ville ne fut-elle pas même assiégée? C'est

[1] Lib. VI, c. XXX. — [2] S. Hieronymus, *in Isaiam*, XIII et XIV. — [3] Nec ponet ibi tentoria Arabs, nec pastores requiescent ibi (c. XIII, XX).

là un des problèmes de l'histoire. Le grand capitaine, qui jusque-là avait déployé tant d'audace et de prudence, manqua tout à coup d'audace et de prudence ; d'audace en estimant *Ctésiphon* imprenable, lui qui venait d'accomplir des prodiges ; de prudence en abandonnant son premier plan de campagne, en brûlant sa flottille, sur la foi d'un transfuge, et en se décidant, pour imiter le héros macédonien, à aller, à travers un pays dévasté, chercher l'ennemi, au risque de périr de faim avant de l'avoir trouvé. Évidemment un bandeau couvrait les yeux de Julien. Tous les rêves de gloire ne tardèrent pas à s'évanouir, et, au lieu de marcher en avant, il fallut songer à la retraite.

Nous allons de nouveau suivre l'armée romaine, quittant les murs de *Ctésiphon*, pour remonter la rive gauche du *Tigre*. Ce ne sera pas chose facile d'éclairer cette ligne d'opération, car, Ammien Marcellin (comme si le découragement du soldat eût gagné aussi l'historien) devient obscur et incomplet dans cette seconde partie de son récit.

Le lieu où Julien tint un conseil de guerre pour arrêter son nouveau plan est appelé par Zozime *Abuzatha*[1]. Il est impossible de déterminer d'une manière précise la position de ce lieu. Cependant, comme aucun historien ne dit que l'armée romaine ait passé le *Delas* ou *Diala* en se retirant, il est à présumer que Julien, avant d'incendier sa flottille, s'en était servi pour remonter le *Tigre* au-dessus de l'embouchure de cette rivière. Dans ce cas, *Abuzatha* ne devait pas être très-éloigné de l'endroit qu'occupe actuellement *Bagdad*.

On décampa le 16 juin. Après une journée de marche, on arriva à un lieu appelé *Noorda*. C'est encore Zozime qui fournit ce nom[2]. Ammien Marcellin signale, en cet endroit, l'existence d'un petit fleuve, *dirimente fluvio brevi*[3]. C'est sans doute le cours d'eau que Zozime désigne sous la dénomination de *Durus*. Quel est ce *Durus* que Zozime seul connaît ? Nous ne trouvons aucune lumière à cet égard. Quelques géographes placent, à la vérité, un fleuve *Durus*, beaucoup plus au nord, et non loin du

[1] *Hist. rom.*, lib. III. — [2] *Ibid.* — [3] Lib. XXV, c. 1.

petit *Zab*. C'est peut-être l'*Atum-sou* ou rivière d'or de Tavernier[1]. Mais ce ne peut être celui dont il est ici question. Nous n'oserions admettre que ce soit le *Physcus* de Xénophon, parce que la qualification de *fluvio brevi* ne saurait convenir à ce cours d'eau. D'ailleurs, l'armée n'avait pas pu arriver jusque-là en une seule journée. Indubitablement ce *Durus* n'était qu'un de ces canaux, dont parle Olivier[2], qui reliaient et relient encore le *Tigre* à la *Diala*. On le passa, dit Zozime, sur un pont de bateaux. Preuve nouvelle que c'était un canal, parce que, à l'époque de l'année où l'on était alors, aucun des torrents qui se précipitent des montagnes dans le *Tigre* n'aurait été capable de faire obstacle.

L'armée cheminait dans un pays dévasté. Les Perses la harcelaient sans cesse. Mais, comme il fallait se hâter, on marchait toujours, repoussant l'ennemi quand il devenait trop pressant. On gagna *Baroptas* où les vivres avaient été détruits, ce qui augmenta la détresse. On dépassa ce lieu, sans s'y arrêter, en combattant, et l'on atteignit un bourg qu'Ammien Marcellin appelle *Hucumbra*, Zozime *Symbra*[3]. Ce dernier place ce bourg entre les villes de *Nisbara* et de *Nischanabe*, bâties en regard l'une de l'autre, des deux côtés du *Tigre*. Ces lieux sont totalement inconnus. *Danabe* et *Synca*, cités par Zozime, sont également ignorés. L'armée trouva des provisions à *Hucumbra* et y fit une halte de deux jours. Mais elle fut vivement attaquée à *Danabe* et à *Synca*. La victoire lui procura l'avantage de s'avancer, sans être inquiétée, jusqu'à *Maranga*, c'est-à-dire l'espace de 70 stades, ou 13 kil. 650 m. Là, dit Ammien Marcellin, on se trouva en présence de la grande armée des Perses, *immensa Persarum apparuit multitudo*. Une rude bataille s'ensuivit. Victorieuse, l'armée romaine put se reposer pendant trois jours. On arriva ensuite à *Tummara*, avec l'ennemi. Les vivres manquèrent tout à fait en ce lieu, et l'on commença à éprouver les extrémités de la famine, car déjà le nombre des bêtes de somme ne suffisait plus à porter les bagages[4].

[1] *Voyage en Perse*, t. I, p. 246, et 282. — [2] *Voyage dans l'empire ottoman*, t. IV, c. XIV. — [3] Lib. XXV, c. 1; lib. III. — [4] Zozime, *ibid.*

Mais ces difficultés eussent été probablement surmontées, si l'homme qui soutenait tout le monde, par le prestige de son courage et de ses talents, si Julien, dans le combat que lui livrèrent les Perses à *Tummara*, n'avait pas trouvé la mort. Dans les conjonctures présentes, aucune victoire n'était capable de compenser un tel malheur. Dès ce moment, l'expédition, au point de vue militaire, cesse d'intéresser, car Jovien, que les troupes nommèrent pour remplacer Julien, n'eut plus qu'une pensée, celle de traiter avec l'ennemi, pour sauver l'armée. En effet, une trêve de trente ans, la cession de quatre provinces romaines et de la ville de *Nisibis* permit au nouvel empereur de regagner, sans être inquiété, les terres de l'empire.

On se demande ici où Julien fut tué. Aucun historien ne l'a noté. Il ne faut pas prendre au sérieux le nom de *Phrygie* qu'Ammien Marcellin, sur la foi d'un prétendu oracle païen, applique à l'endroit où tomba cet empereur. D'ailleurs, nous n'aurions aucun moyen de vérifier le nom de l'endroit auquel doit correspondre celui de *Phrygie*. Ce qu'il est permis de conjecturer, c'est que la bataille de *Tummara*, si fatale à Julien, dut être livrée dans les environs de *Samara*. Comme cette ville est située bien au-dessus d'*Opis*, point de l'embouchure du *Physcus* dans le *Tigre*, il s'ensuit que l'armée romaine avait passé ce torrent que Pline appelle *Tornodatum*, et Ptolémée, *Gorgus*. Tavernier[1] retrouve ce cours d'eau, sous le nom d'*Odoine* ou *Odornet*, et d'Anville n'hésite pas à reconnaître la même rivière, sous tous ces noms différents. Il est vrai qu'Ammien Marcellin ne signale pas le passage du *Physcus*, mais il n'y a aucune conséquence à tirer de ce silence, parce que cet historien est ici plein de lacunes. Une preuve décisive que Julien périt dans les environs de *Samara*, c'est que, après l'élection de Jovien, qui eut lieu sur l'emplacement même du champ de bataille, l'armée, bien que harcelée par les Perses, ne mit pas deux jours pour occuper *Cercha*, et de là ne fit que 30 stades ou 5 kil. 850 m. pour atteindre *Dura*, qui est au moins à 100 kil. du *Physcus*.

[1] *Voyage en Perse*, t. II, 285.

La retraite devenait de plus en plus difficile. On passa quatre jours à *Dura*, et c'est là que fut conclu avec les Perses, presque aussi harassés que les Romains, le traité qu'Ammien Marcellin qualifie d'*ignoble*, *quo ignobili decreto firmato*[1]. Cela fait, l'armée ne tarda pas à passer sur la rive droite du *Tigre*. En quel endroit s'effectua cette traversée? Ammien Marcellin néglige de le noter; mais il est aisé de conclure de son récit, que l'armée ne s'éloigna guère de *Dura*, et, en tout cas, ne poussa pas au delà de *Tecrit*. Toutefois, si l'on rapporte à cette retraite un passage du vingt-troisième livre, il faudrait en conclure que l'armée remonta beaucoup plus haut la rive gauche du *Tigre*, et traversa même les deux *Zab*. Voici, en effet, ce que dit l'historien décrivant l'*Adiabène* : « Dans cette région, il y a deux fleuves qui ne se dessèchent point, le *Diabas* et l'*Adiabas* que nous avons traversés sur des ponts de bateaux[2]. » Que le *Diabas* et l'*Adiabas* soient l'un le petit *Zab* et l'autre le grand *Zab*, il n'y a pas à en douter. Mais, si l'on rapproche le fait de la traversée de ces deux rivières, signalé dans le vingt-troisième livre, des circonstances rapportées au vingt-cinquième livre, on voit de suite qu'il ne peut s'accorder avec elles, d'où il suit qu'il faut chercher ailleurs une autre occasion de la traversée des deux *Zabs*. Or, nous croyons la trouver dans une mission que notre historien dit avoir remplie, au delà du *Tigre*, sous Constance.

Rentrés en *Mésopotamie*, les Romains se dirigèrent vers *Hatra*. Ici, nous avons la bonne fortune de relever une erreur de d'Anville, car ce grand géographe est rarement en défaut. Ce savant, sur les données d'Edrisi, place *Hadr* ou *Hatra* vis-à-vis *Técrit*[3], par conséquent à une faible distance de cette ville; ce qui est opposé au récit de notre historien, qui dit : L'armée « hâtant sa marche, vint à grande journée près d'*Hatra*: *Properantes itineribus magnis prope Hatram venimus*[4]. » Un point que l'on n'atteint qu'à grandes journées est nécessairement un point éloigné. Or, les récentes explorations confirment le

[1] Lib. XXV, c. VII. — [2] Lib. XXIII, c. VI. — [3] *Le Tigre et l'Euphrate*, p. 9. — [4] Lib. XXV, c. VIII.

témoignage d'Ammien Marcellin, en fixant la position d'*Hadr* beaucoup plus haut que *Técrit*, entre les deux *Zabs*, vis-à-vis *Nimrod*. Citons-en une : « A une journée de *Kalah Shergat*, dit le baron Ernouf, on trouve dans l'intérieur, les ruines parfaitement conservées d'une cité plus moderne. *Hatra* (*Hadr*), riche et puissante au temps des Parthes. Ses palais et son temple du soleil ont été rarement visités jusqu'ici, à cause de la méchante réputation des tribus nomades qui rôdent dans ces parages[1]. » Ammien Marcellin ne répand pas autant de poésie sur l'*Hatra* de son temps : « C'était, dit-il, une ancienne forteresse, située au milieu de la solitude et autrefois déserte. Deux empereurs, Trajan et Sévère, essayèrent de la détruire, mais elle résista à leurs attaques, et ils y usèrent leurs armées[2]. » Les soldats de Jovien n'y trouvèrent aucune ressource, pas même de l'eau potable, et telle était la disette du pays, qu'ils n'eurent, depuis *Hatra* jusqu'au château d'*Ur*, c'est-à-dire pendant six jours de marche, d'autre nourriture que les herbes amères du désert avec la chair amaigrie des bêtes de somme. Heureusement qu'à *Ur*, ils purent recueillir le reste des provisions que les légions de Procope et de Sébastien avaient économisées.

Ce château d'Ur soulève ici un problème. Est-ce bien la patrie d'Abraham qu'Ammien Marcellin nous fait retrouver? M. Lenormant ne le croit pas, puisqu'il fait naître ce patriarche dans le midi de la *Chaldée* à *Chalanne* appelée aussi *Ur*[3]. Mais la raison qu'il en donne est-elle bien péremptoire? Abraham sortait, en effet, de *Ur* des Chaldéens. Or, nous venons de voir qu'il y a un autre *Ur* que *Chalanne*, et de plus, ce second *Ur* appartient également aux Chaldéens ; car, le peuple de ce nom était répandu anciennement comme aujourd'hui dans la *Mésopotamie*[4]. S'il y avait un parti à rendre dans cette question, nous pencherions vers l'*Ur* d'Ammien Marcellin, pour deux motifs :

[1] *Voyage dans le Caucase, la Perse et la Turquie*, p. [illegible]. — [2] *Ibid.* — [3] *Manuel d'hist. anc. de l'Orient*, t. I. — [4] Eugène Boré, *Mémoires d'un voyageur en Orient*, t. II.

1° *Tharé* père d'*Abraham*, qui émigra à Harran, selon la Genèse, fut déterminé à quitter son pays natal par la gêne où il se trouvait pour pouvoir y subsister avec sa famille; or, l'*Ur* du midi de la *Chaldée* était situé dans une contrée grasse et fertile, tandis que l'*Ur* d'Ammien Marcellin était placé dans un désert; 2° il est dit que *Tharé* émigra à *Harran*, or, notre *Ur* se trouve dans une position bien plus rapprochée d'*Harran* que Chalanne, qui en est au moins à 250 lieues.

L'armée partie d'*Ur* vint à *Thilsaphata* que d'Anville croit retrouver dans *Tallaafar* placé par Edrisi entre *Sinjar* et *Mosoul*. Là, on rejoignit *Sébastien* et *Procope*. Qu'avaient fait ces deux généraux avec les cinq légions d'élite que Julien leur avait confiées? Rien. Plus d'une fois, dans sa marche sur *Ctésiphon*, l'empereur avait tourné, inquiet, les yeux du côté du nord, se demandant ce que devenaient ses lieutenants, sans pouvoir se rendre compte de ce qui paralysait leurs opérations. La vérité est que, d'une part, la rivalité des deux commandants, de l'autre, leur inintelligence du rôle qu'ils devaient remplir, les avaient tenus dans une inaction funeste. Aujourd'hui, on appellerait cette conduite une trahison. Mais, il ne faut y voir qu'un de ces imprévus malheureux que la Providence jette parfois sur la route de la sagesse humaine, quand il lui plaît de la faire mentir et de l'humilier.

La jonction des deux armées et l'arrivée à *Nisibis* mettaient fin à la retraite. On allait rentrer sur les terres de l'empire. Telle fut l'issue de cette expédition, admirable d'*Antioche* à *Ctésiphon*, déplorable, depuis cette capitale jusqu'à *Nisibis*. Entreprise pour refouler la puissance des Sassanides au delà du *Tigre*, elle aboutit au premier démembrement de l'empire romain. Tout n'en a pas été perdu pourtant, puisque, grâce au récit qu'en a fait un habile historien, elle nous fournit quelques lumières propres à éclairer le champ de la géographie. Il serait permis de s'applaudir de ce résultat, si le profit de la science pouvait jamais servir de compensation à la ruine des États et au malheur des peuples.

II

GAULE

Si Ammien Marcellin a été intéressant sur l'Asie occidentale, il le sera bien plus sur la Gaule; cette partie de l'Europe étant le pays que nous habitons. Ici encore, la plupart des choses qu'il écrit, Ammien Marcellin ne les avait point apprises dans les livres ou entendu raconter. Ce sont ses propres observations qu'il nous a transmises, ce qu'il a vu de ses yeux, touché de la main, à la suite des expéditions de Julien.

On peut classer en trois catégories les détails sur la Gaule contenus dans son livre : 1° Géographie physique : 2° géographie administrative : 3° géographie historique.

1. — GÉOGRAPHIE PHYSIQUE

La nature, dit-il, a isolé la Gaule du reste du monde, par des barrières qui forment autour d'elle comme une enceinte artificielle. La mer Tyrrhenienne et la mer Gallique la baignent au midi ; du côté du nord-est, le fleuve du Rhin la sépare des féroces nations qui habitent le centre de l'Europe. La chaîne des Pyrénées et l'Océan la bornent à l'ouest et au nord. Vers le sud-est, le gigantesque massif des Alpes lui sert de rempart. Strabon fait la même description[1]. Ce géographe et Ammien Marcellin sont les seuls écrivains anciens qui donnent les limites générales et précises de la Gaule. César, Pline, Ptolomée se contentent de spécifier les nations qui l'habitaient.

Ammien Marcellin commence par décrire les Alpes qu'il partage en maritimes, cottiennes, grecques et pennines. C'était la division de son temps, comme c'est encore la division actuelle. Mais de son texte même, on peut inférer que cette division n'était qu'une modification d'une autre plus ancienne, et que toute la portion qui s'étend, depuis le massif pennin jusqu'à la partie voisine de la mer, portait la dénomination d'Alpes grecques. Ce nom lui serait venu de la fable; Hercule l'aurait imposé en s'ouvrant un passage, à l'endroit du petit Saint-Bernard, pour aller combattre le géant Géryon. Poursuivant sa course victorieuse le long des pentes plus douces des Taurisques, le héros se serait avancé jusqu'au point où les dernières assises de la chaîne enfoncent leurs pieds dans la mer; là, il aurait fondé, comme monument de son triomphe, la ville et le port de *Monocœcum*, aujourd'hui *Monaco*.

On pourrait objecter à cela, que les anciens, tels que Polybe et Strabon, ne parlent pas de cette dénomination d'Alpes grecques. Mais nous répondrons que cette objection est nulle, parce que Strabon et Polybe ne parlent pas davantage de la dénomination de Pennines, bien qu'elle existât de leur temps, et se contentent de désigner les diverses régions des Alpes par les peuples qui les habitaient[2].

La dénomination d'Alpes cottiennes date d'Auguste. Alors régnait sur la partie alpine qui de *Segusio*, *Suse*, se déroule jusqu'au *Var*, un petit souverain nommé Cottius, dont la célébrité n'est point encore éteinte. Pendant que les autres montagnards perdaient successivement leur indépendance, en s'obstinant à

[1] *Strabonis Geogr.*, lib. IV, p. 122.
[2] Voir ces deux auteurs, *passim*.

soutenir contre Rome une lutte inégale, Cottius, habile politique, trouva le moyen de se glisser dans l'amitié de l'ex-triumvir qui lui laissa son royaume, l'agrandit même, préférant l'acquisition d'un allié dévoué à la stérile gloire de faire la loi à un peuple vaincu.

Soigneux de témoigner au maître du monde sa reconnaissance, Cottius fit exécuter à grands frais, dans la partie de la chaîne alpine qui formait son domaine, des routes plus courtes et plus commodes que les anciens chemins, pour passer de la Cisalpine dans la Transalpine : *Molibus magnis extruxit ad vicem muneris compendiarias et viantibus opportunas.* La description qu'Ammien Marcellin nous a laissée des difficultés qui attendaient, de son temps, les voyageurs dans les nouveaux passages de Cottius, suffit pour nous montrer à travers quels dangers on escaladait auparavant nos grandes montagnes.

Dans cette portion des Alpes, dit-il, dont le point de départ est la ville de *Suse*, *Segusione*, se dresse une abrupte sommité que nul ne saurait franchir sans péril. Du côté de la Transalpine, c'est une pente rapide, dominée, à droite et à gauche, par des rochers effrayants. Au printemps surtout, alors que les glaces et les frimas cèdent au souffle des vents chauds, hommes et chevaux sont exposés à rouler dans les précipices et les trous comblés par l'amoncellement des neiges. Pour obvier à ces accidents, on a imaginé de lier avec de longues cordes plusieurs chariots ensemble, puis de les faire tirer, en sens inverse, par des bœufs ou même par des hommes, à mesure qu'ils descendent, ce qui leur permet de gagner sans encombre, en patinant, le bas de la rampe. Voilà pour le printemps.

L'hiver, ce sont des inconvénients d'un autre genre. Alors, le voyageur, engagé sur un sol recouvert d'une glace dure et polie, où il se tient avec peine, se voit parfois menacé d'être entraîné vers des abîmes déguisés sous une couche perfide. Pour prévenir ce malheur, on a planté, dans les endroits périlleux, de longs piquets dont la série avertit les passants de ne pas s'écarter de la voie. Cette précaution est encore usitée aujourd'hui.

A l'occasion de la route percée par le roi Cottius, nous trouvons dans Valois[1], cette assertion que l'*Alpis cottia* ou *cottiana* est appelé *Mont Cenis* ; d'où il s'ensuivrait que le roi Cottius serait l'auteur du passage qui traverse le *Mont Cenis*. D'Anville relève avec raison cette méprise[2]. Mais la suite du texte d'Ammien Marcellin suffit pour la réfuter. La route du Mont Cenis aboutit, par la vallée de l'*Arc*, à Saint-Jean-de-Maurienne ; tandis que la route de Cottius, décrite par Ammien Marcellin, aboutit, par la vallée de la Durance, à Briançon, ainsi que nous allons le voir.

Quand on est au haut de la pente qui regarde l'Italie, dit-il, on voit s'étendre devant soi un plateau long de sept milles, 10 kil. 884 m., lequel se termine à une station appelée *Martis*. L'itinéraire d'Antonin porte *ad Martis*, celui de Jérusalem, *ad Marte*. La carte, simplement *Martis*[3]. Comme la distance indiquée, entre *Segusione* et *Martis*, est de dix-sept milles, il suit que la distance, qui sépare *Segusione* du sommet du *Clivi italici*, est de dix milles, ou 15 kil. 120 m.

A la station *Martis*, commence une seconde rampe, non moins roide que la première, laquelle, selon Ammien Marcellin, aboutit au sommet de la *Matrone*, *ad Matronæ porrigitur verticem*. Cette dénomination de *Matronæ* ne figure ni dans l'itinéraire d'Antonin, ni dans la carte ; apparemment parce qu'elle ne désigne point une station, Mais l'itinéraire de Jérusalem la mentionne, ainsi que notre historien, comme étant le nom de la montagne. On y lit, à la suite de *Brigantium : Inde ascendis Matronam*. Ammien Marcellin nous apprend que cette dénomination *Matronæ* fut donnée à cette sommité, après une chute qui avait coûté la vie à une femme de qualité : *Cujus vocabulum casus feminæ nobilis dedit*. Cette sommité est aujourd'hui le *Mont Genèvre* dont la déclivité ouvre une voie raccourcie pour atteindre *Briançon* ou *Castellum Virgantium*. L'itinéraire de Bordeau à Jérusalem écrit *Byrigantium*, la carte *Brigantione*. Mais, il est évident, par la concordance des mesures, que cette

[1] *Notitia Gallia*. p. 349.
[2] *Notice de l'ancienne Gaule*, p. 56.
[3] Cette anomalie s'explique par le sous-entendu *Statio*.

variété d'orthographe ne nuit point à l'identité du lieu, qui est bien notre *Briançon*. D'où il suit que l'*Alpis Cottia* doit s'appliquer au *Mont Genèvre*, et que la chaussée de Cottius ne saurait être le passage du *Mont Cenis*, beaucoup plus récent, puisqu'il n'en est question ni dans la carte, ni dans les itinéraires, ni dans les auteurs anciens.

La ville de *Suze* a retenu le tombeau de ce petit souverain qui, trop faible ou trop sage pour aspirer aux lauriers de la guerre, sut s'illustrer par les travaux de la paix. Sa mémoire a survécu à sa puissance, et la partie des montagnes qui composaient son domaine conserve encore son nom.

Ammien Marcellin n'explique pas jusqu'où s'étendaient les Alpes grecques ou Graies, à partir de *Suze*. Mais, tout porte à croire qu'elles comprenaient, comme de nos jours, la Tarentaise ou le petit Saint-Bernard. Si c'est le passage d'Hercule qui a valu à ce groupe montagneux le nom de la Grèce, ce fut, d'après notre historien, le passage d'un général carthaginois qui donna aux Alpes pennines le nom qu'elles portent encore. Alors, comme aujourd'hui, on était incertain du lieu où s'accomplit ce fameux événement qui faillit jeter à terre la fortune de Rome. Ammien Marcellin partage avec Pline[1], l'opinion que la marche d'Annibal à travers les Alpes a eu lieu dans le massif pennin, et il écrit à son exemple, *Penninus* par la diphthongue æ. Chose singulière! Ammien Marcellin adopte cette étymologie erronée, après avoir suivi, de point en point, sur la marche de l'armée carthaginoise, le récit de Tite-Live qui soutient ouvertement une opinion contraire, et affirme que le nom *Pennines*, appliqué à cette partie des Alpes, vient d'un dieu *Penninus* qui avait son temple sur le sommet de la montagne qui porte son nom. Effectivement, le passage du grand Saint-Bernard est appelé, dans l'itinéraire d'Antonin ainsi que dans la carte de Peutinger, *Summus Penninus*. Or, le mot *Penn*, qui sert de racine à *Penninus*, signifie, dans la langue celtique, *cime*. D'où *Penninus* veut dire dieu des montagnes. Comment Ammien Marcellin, lui ordinairement si

[1] Lib. XII, c. XXI.

judicieux, ne s'est-il pas éclairé par cette explication si simple et si sensée de Tite-Live?

A propos des Alpes *Pennines*, notre historien donne d'intéressants détails sur le Rhône et le Rhin. Ce qu'il dit des origines de ces grands cours d'eau ne manque pas de pittoresque, et les touristes, qui les ont visitées, n'hésiteront pas à reconnaître à la description qu'en trace Ammien Marcellin, la physionomie des deux terribles enfants du massif pennin. Ces deux fleuves qu'on peut appeler ennemis, puisqu'ils se séparent, à peine nés, pour arroser des contrées opposées, ont pourtant, entre eux, plus d'un trait de ressemblance. Tous deux prennent leur source au même groupe de sommités: tous deux portent, dans leurs noms, l'expression de la rapidité et de la violence ; tous deux se précipitent plutôt qu'ils ne coulent. Ce qu'Ammien dit du Rhin, qu'il dégrade les pentes élevées de ses rives, *altaque divortia riparum adradens*, s'applique aussi au Rhône. Tous deux, après avoir encombré leurs lits de débris, s'irritent contre ces obstacles qu'ils se sont faits, les enlacent, les pressent des plis de leurs ondes, les couvrent d'une écume grisâtre et font retentir les échos des montagnes des éclats de leur colère.

Devenus moins furieux, à mesure qu'ils s'avancent dans le plat pays, ils s'engouffrent chacun dans un lac. Nous connaissons sous le nom de *Constance*, que les *Rhètes* appelaient *Brigantiam*, le lac qui reçoit le Rhin. Celui qui absorbe le Rhône est *Lemano* dans Ammien, *Lausonius*, dans l'itinéraire, *Losanete*, dans la carte. Ammien Marcellin écrit, sans hésiter, que le Rhône traverse, dans toute sa longueur, le *Lemano* sans mêler ses eaux aux siennes, cherchant, dans sa course impétueuse, une issue pour s'en échapper : *eamque intermeans, nusquam aquis miscetur externis*. Cette erreur de notre historien, qui est également celle de Pomponius Mela [1], et qui leur a survécu longtemps, est due à ce que le fleuve, en entrant dans le *Léman*, dessine, pendant quelques centaines de mètres, sur l'azur du lac, une bande d'un blanc grisâtre. Mais, tous ceux qui connais-

[1] Lib. II, ch. v.

sent les lieux, ont pu constater que cette bande ne tarde pas à s'effacer pour ne laisser à la perspective qu'une teinte uniforme.

Ammien Marcellin se trompe de nouveau quand il affirme que le lac *Brigantia* est rond ; *lacum invadit rotundum*. La forme de cette nappe d'eau est, au contraire, très-irrégulière, et elle projette au nord deux avancements d'inégale grandeur, que Pomponius Mela appelle *Venetum* et *Acronium*, mais qui ne sont point connus ailleurs, sous ces noms, dit d'Anville[1]. Une autre assertion, également fausse de notre historien, est de supposer que le Rhin produit, dans le lac *Brigantia*, le même phénomène que le Rhône, dans le *Léman*, c'est-à-dire qu'il coupe en deux parts, d'un bout à l'autre, ses eaux stagnantes : *undarum quietem permeans pigram, mediam velut finali intersecat libramento*. Au lieu de *finali*, qui offre peu de sens, on lit dans certains m.ss. *funali ;* ce qui signifierait que le fleuve, en traversant le lac, forme, au milieu, comme une ligne roide, semblable à une corde fortement tendue. Mais cette ligne, aucun œil humain ne l'a saisie.

Ammien Marcellin dit que le Rhône, échappé avec impétuosité du lac *Léman*, sépare la *Sapaudia*, la *Savoie*, de la *Sequania*, la *Sequanie*. Mais, il ne fait pas mention de ces gorges étroites où ce fleuve semble se perdre et d'où il sort sombre et menaçant. Le Rhône quitte ses allures sauvages et régularise son cours, en approchant de *Lugdunum*, Là, dit notre historien, commence la Gaule, *qui locus exordium est Galliarum*. Car, à dater de *Lugdunum*, les distances ne se mesurent plus par mille[2], mais par lieue, *exinde non millenis passibus sed leugis itinera metiuntur*. En cela, Ammien Marcellin s'accorde avec l'itinéraire et la carte.

C'est également à *Lugdunum* que le Rhône reçoit les eaux de l'*Arar* dont Ammien Marcellin mentionne le nom local *Sauconam*, d'où, par contraction, on a tiré le mot Saône. Grossi par ce bel affluent, le fleuve, jusque-là impropre à une naviga-

[1] Voir D'anville, p. 547.

[2] Le mille romain est de mille pas, équivalant à 1 kil. 512m. La lieue gauloise est de quinze cents pas, ou de 2 kil. 268m.

tion importante, devient capable de porter de grands bateaux. Ce que la langue du pays désigne aujourd'hui par cette locution vulgaire, mais expressive, le *Rhône marchand*. *Hinc Rhodanus aquis advenis locupletior vehit grandissimas naves.* Notre historien nous apprend que ces bateaux allaient, non-seulement à la rame, mais le plus souvent à la voile. Ce qui ne se pratique plus.

Si le Rhône rase *perstringit* la Lyonnaise, par sa droite, il effleure la Viennoise, par sa gauche. Ce qui prouve que le lieu occupé actuellement par le village de Sainte-Colombe, ne faisait point autrefois partie de la capitale des Allobroges. Tacite avait déjà relevé ce fait, en parlant de la haine et de la jalousie qui régnaient entre *Lugdunum* et *Vienna*, quand il dit: *Undè œmulatio et invidia et uno amne discretis connexum odium.* De là, des rivalités et des haines qui n'avaient qu'un fleuve à franchir pour s'entrechoquer[1].

Après Vienne, Ammien Marcellin se tait sur les autres affluents du Rhône, et d'un bond, conduit ce fleuve jusqu'à la mer Gallique, dans laquelle il verse ses eaux, à dix-huit milles ou 27 kil. 216^{m} d'*Arelate*, *Arles*, par un large golfe, *per patulum sinum*, que l'on appelle *ad Gradus*.

La distance notée par l'historien n'est évidemment plus la même aujourd'hui, parce que les atterrissements du Rhône ont, depuis le IVe siècle, considérablement étendu le delta de la Camargue. M. Charles Lenthéric, dans un beau volume, intitulé : *La Grèce et l'Orient en Provence*, nous fournit d'intéressants détails sur les modifications que l'*Estuaire* du Rhône fait subir à cette partie de notre continent.

« Le grand fleuve, dit-il, grossi par la Durance, charrie dix-sept millions de mètres cubes de vase, de limon et de boue. Il est sans doute difficile de savoir si cette masse de sédiments est toujours la même depuis l'origine des siècles, et quelle est la fraction de ces apports qui est entraînée au large et va se perdre en mer, et celle qui reste définitivement attachée au continent.

[1] *Hist.*, lib. II. ch. LXV.

Toutefois, on peut très-bien admettre, sans erreur sensible, que le tiers de ces matières, le quart au moins, est annuellement soudé à la terre et doit finalement se retrouver, sous forme de flèches de sable, de cordons littoraux, d'exhaussements de berges, de comblements de marais et d'avancements en mer des deux musoirs du fleuve.

« Le Rhône nourrit donc la côte, la développe, l'exhausse, l'avance, et quatre millions de mètres cubes au moins s'ajoutent chaque année à la masse du delta. En les supposant répandus et nivelés, sur une épaisseur moyenne de un mètre, on voit que c'est environ quatre cents hectares, qui représentent, depuis l'origine de notre période actuelle, le taux normal d'accroissement et d'exhaussement de la grande plaine maritime d'Arles. Tel est le gain annuel de la terre sur la mer[1]. »

En conséquence de ces considérations géologiques, nous voyons très-bien comment le *patulum sinum* d'Ammien Marcellin a disparu, et comment la mer, qui baignait autrefois les murs d'Arles, s'en est éloignée. Quant au nom de *Gradus*, nous le retrouvons dans celui de *La Crau* que porte encore la plaine qui s'étend, depuis la route d'Arles à Aix jusqu'à l'étang de *Berre* et au golfe de *Fos*, *fossæ marianæ*, fossés de Marius. Le terme de *Gradus*, dit d'Anville, pour désigner les entrées du Rhône dans la mer, n'est point particulier à cette rivière; il lui est commun avec plusieurs autres sur les côtes d'Espagne et d'Italie, où il se nomme *Gras* et *Grado*[2]. Le célèbre glossateur Ducange, dans ses annotations à l'histoire d'Anne Comnène[3], interprétant le sens des mots ἔμβολος et σκάλα, par passages maritimes, *trajectus maritimos*, dit que le *Gradus* latin répond aux mots précités ἔμβολος et σκάλα ; puis, il ajoute, en faisant allusion à l'*ad Gradus* d'*Ammien Marcellin*, que les habitants de la Provence donnent encore le nom de *Gras* ou *Grau* aux bouches par lesquelles le Rhône déverse ses eaux dans la Méditerranée[4], de

[1] Chapitre 3e, p. 96.
[2] *Notice de la Gaule au mont Rhodanus.*
[3] P. 313, 2e édit. de Paris.
[4] Il y en a trois : le *Grau* du roi, à Aigues-Mortes, le *Grau* d'Orgon, à Sainte-Marie, et le *Grau* de Galéjon, vers les anciens fossés de Marius.

même que nous nous servons du terme *Échelles* pour désigner les passages maritimes du Levant.

De son côté, le Rhin, sorti du lac *Brigantia*, ne prend pas de suite un cour régulier. Il bondit quelque temps encore comme un coursier indompté, ce qui le rend impropre à la navigation. Ammien Marcellin parle sans doute ici de la pittoresque chute de Schaffouse ; car il compare le fleuve gaulois au Nil, s'élançant du désert et tombant dans l'Égypte de cataracte en cataracte. Mais, après avoir décrit sa course indépendante, l'historien ne le suit pas lorsque, devenu docile, ses eaux se dirigent vers le nord. Il se contente de dire qu'évadé du lac *Brigantia*, ce fleuve, sans accélérer ni ralentir son courant, sans non plus rencontrer d'obstacle qui l'arrête, va s'engouffrer dans l'Océan, en gardant son nom et le même volume d'eau [1].

De telles paroles montrent bien qu'Ammien Marcellin ne connaissait pas par lui-même tout le Rhin; car, il n'est bien renseigné ni sur les affluents qui le grossissent, ni sur les dérivations qui, dans le pays des *Bataves*, le partagent en noms et en sens divers ; dérivations, les unes naturelles, les autres artificielles, comme les fossés de Drusus et de Corbulon [2]; dérivations qui l'épuisent, et font douter si le fougueux enfant des Alpes porte lui-même ses eaux jusqu'à la mer.

Ainsi, autant le Rhône et le Rhin se ressemblent au début, autant ils diffèrent l'un de l'autre à la fin de leur carrière. Faut-il citer le trait principal qui caractérise la dissemblance qu'ils affectent alors? Le Rhône est un fleuve international, tandis que le Rhin est un fleuve séparateur. Ici, parce que les grands cours d'eau semblent parfois des frontières naturelles pour les États, n'allons pas accuser la Providence d'avoir créé les fleuves pour diviser les nations, et ne la rendons pas responsable de ce qui est le fait de la barbarie ou de la politique des hommes. La Providence, en créant les fleuves pour être les grandes routes des

[1] *Nec aucto, nec imminuto agmine quod intulit, vocabulo et viribus absolvitur integris, nec contagia deinde ulla perpetiens Oceanis gurgitibus intimatur.*

[2] Tacite, *Annal.* XI. XX — *Dio Cassius*, lib. LX.

peuples, les leur a donnés au contraire pour les unir. En effet, ne sont-ce pas les grands cours d'eau qui facilitent la circulation et servent de véhicule au commerce, lequel rapproche les nations, en les rendant tributaires les unes des autres? Aussi, de tout temps, à mesure que la civilisation a pénétré dans les pays nouvellement découverts et explorés, à mesure que les habitants arrachés à la barbarie ont éprouvé le besoin de communiquer ensemble, s'est-on empressé de détruire la barrière des fleuves, d'utiliser d'abord leur courant au profit de tous, puis, de relier, à l'aide de ponts, leurs rives opposées, afin de rendre les relations plus commodes et plus promptes. Le Rhône est un exemple de ce progrès. Séparateur tant que la Gaule demeura barbare, il cessa de l'être, du jour où notre pays connut la civilisation romaine. Ce qu'il était, à l'époque d'Ammien Marcellin, il l'est aujourd'hui. Depuis longtemps, les populations qui habitent ses bords opposés parlent une même langue, ont un même esprit et sont confondues dans une commune sympathie.

Une pareille destinée n'a pas été accordée au Rhin. Si l'on remonte aux époques les plus reculées, il apparaît comme un fleuve séparateur. Quand le centre de l'Europe était étranger à l'histoire, quand la Gaule et la Germanie étaient également sauvages, quand ces contrées croyaient aux mêmes divinités, aux mêmes fables, nous voyons déjà le Rhin diviser les deux pays d'une manière implacable. C'est dans cet état de partage que César les trouve, et l'antagonisme produit par cette séparation lui fait dire, à plusieurs reprises, que non-seulement le Rhin était la ligne de démarcation des tribus barbares qui habitaient ses bords, mais encore que ce fleuve devait servir de barrière à leur mutuelle turbulence. La conquête de la Gaule ne change rien à cette situation. Le Rhin devient la frontière de l'Empire, en face des farouches enfants de la forêt Hercynienne. Les maîtres du monde ne cherchent point à former d'établissement au delà de ce fleuve. S'ils avancent parfois jusqu'au Weser ou même jusqu'à l'Elbe, ce n'est que pour châtier des insultes, ou décourager d'ambitieuses agressions. Il faut que Rome se contente de défendre cette ligne, que la Germanie se hâte de franchir, aussitôt qu'elle voit sa puissante ennemie distraite ailleurs. Ammien Marcellin va nous montrer bientôt comment elle avait su profiter de la faiblesse de l'empereur Constance pour porter le ravage jusqu'au cœur de la Gaule.

Depuis cette époque, ni la chute de l'Empire, ni l'établissement, sur ses ruines, des états modernes, ni les révolutions politiques, ni la marche des siècles, ni les progrès de la civilisation, n'ont changé le rôle du Rhin. Tandis que tous les grands cours d'eau européens, en dépit des rivalités qui s'agitent sur notre continent, sont devenus des fleuves internationaux ; lorsque la Vistule, le Volga, le Dnieper, le Dniester, le Tanaïs arrosent les provinces d'un même empire ; lorsque le Danube, des Alpes à la mer Noire, coupe l'Europe, sans diviser les peuples qui se tendent la main, de l'une à l'autre de ses rives ; seul, le Rhin sépare, à la fois, deux langues, deux races, deux nationalités jalouses, deux politiques opposées, deux civilisations concurrentes, deux haines invétérées. Qui le croirait pourtant ! Ce qui devrait être un malheur, devient une nécessité. Puisque le Rhin ne peut servir de trait d'union entre l'Europe occidentale et l'Europe orientale, il vaut mieux qu'il les sépare et les tienne en équilibre. La paix du monde est là, et les peuples seront inquiets et menaçants tant que la sagesse humaine n'aura pas fait de ce fleuve une frontière naturelle et sacrée. Ce qui était vrai, il y a vingt siècles, l'est encore aujourd'hui, et l'on peut appliquer au Rhin actuel cette parole de César, en changeant seulement les noms : « *Germanos consuescere Rhenum transire, et in Galliam magnam eorum multitudinem venire populo Romano periculosum*. L'habitude des Germains à passer le Rhin et à jeter leur multitude dans la Gaule est un danger pour Rome[1]. »

2. — GÉOGRAPHIE ADMINISTRATIVE

Ici, commence la partie où Ammien Marcellin parle de la géographie topographique et administrative de la Gaule. Dans

[1] *De Bello Gallico*, lib. I, ch. XXXIII.

les temps anciens, dit-il[1], alors que les Gaules étaient barbares, trois peuples se les partageaient, savoir : les Celtes, les Aquitains et les Belges, lesquels différaient par la langue, les institutions et les lois. Les Celtes, qui sont les Gaulois proprement dits, *Gallos quidem qui Celtæ sunt*, étaient séparés des Aquitains par la *Garonne*, qui, des *Pyrénées* où elle prend sa source, va se jeter dans l'Océan, après avoir baigné les murs de villes nombreuses. Ammien Marcellin s'accorde, sur ce point, avec César qui dit[2] : *Gallos ab Aquitanis Garumna flumen dividit*. Plus tard, l'*Aquitaine* fut agrandie jusqu'à la *Loire*, mais primitivement, elle était renfermée entre les *Pyrénées* et la *Garonne*.

D'un autre côté, les *Celtes* étaient séparés des *Belges* par la *Marne* et la *Seine*, deux fleuves d'une égale grandeur, *amnes magnitudine geminæ*, lesquels coulant à travers la Lyonnaise, après avoir fait une île du *castellum* des *Parisiens*, qu'on appelle *Lutèce*, *Lutetiam*, vont ensemble porter leurs eaux à la mer, près du *Camp de Constantia*. *A Belgis vero eamdem Matrona discernit et Sequana amnes magnitudinis geminæ: qui fluentes per Lugdunensem, post circumclausum ambitu insulari parisiorum castellum, Lutetiam nomine, consociatim meantes protinus prope castra Constantia funduntur in mare*. César l'avait déjà dit : La Belgique et la Celtique sont séparées par la *Marne* et la *Seine*, et Ammien Marcellin confirme ce témoignage. Mais, il y a dans la description de ce dernier une singularité d'expression qui donnerait à penser que la *Seine* et la *Marne* ne formaient un fleuve unique qu'après *Lutetia*, si tous les autres documents ne disaient pas le contraire. Ammien Marcellin est plus obscur encore quand il place l'embouchure de la *Seine* près du *camp de Constance*, *prope castra Constantia*.

Quel est ce *castra Constantia* que l'on ne trouve ni dans l'itinéraire d'Antonin, ni dans la carte de Peutinger, et dont Am-

[1] Lib. XV, ch. XI.
[2] Lib. IV, ch. XVII.

mien Marcellin parle seul? Ce n'est pas chose facile à dire. A la vérité, la notice de l'Empire mentionne, dans la *Lugdunensi Secunda*, dans la région de l'Armorique, une *Civitas Constantia*[1], qui est indubitablement *Coutance*, dans le Cotantin, ville dont le chroniqueur de Saint-Evroul, Ordéric Vital, attribue, d'après les traditions du pays, la fondation au père du grand Constantin, Constance Chlore. Mais, est-ce bien cette *Constantia* qu'Ammien Marcellin désigne, en parlant de l'embouchure de la *Seine?* Nous avons peine à le croire. Les critiques sévères, qui ont taxé notre historien d'ignorance et d'absurdité, n'ont pas réfléchi qu'Ammien Marcellin avait vu les lieux qu'il mentionne. Avant de mettre sur le compte d'un écrivain renommé pour son bon sens, la lourde bévue de l'embouchure de la *Seine* à *Coutance*, n'aurait-il pas été plus sage d'essayer une explication? C'est ce qu'a fait Walcknaer, dans ses recherches sur la Gaule ancienne et l'on dirait qu'il y a réussi. Remarquons d'abord, qu'il n'est point question, dans le texte d'Ammien Marcellin, d'une cité *Constantia*, mais d'un camp, *castra Constantia*, ce qui n'est pas la même chose. Donc, le *Constantia* du Cotantin ne saurait être le *castra Constantia* du texte de notre historien : donc, il faut rechercher si, à l'embouchure réelle de la *Seine*, il a du exister un lieu auquel puisse convenir le nom de *castra Constantia*. Ce lieu, Walcknaer nous paraît l'avoir trouvé, en rappelant la circonstance de l'expédition de Constance Chlore dans la Grande-Bretagne. En effet, le panégyriste Eumène et l'historien Aurélius Victor racontent que cet Auguste envahit l'Angleterre où dominait l'usurpateur Carausius, avec deux divisions navales parties, l'une de *Gessoriacum, Boulogne,* l'autre de l'embouchure de la Seine et commandée par le préfet du prétoire, Asclépiodotus, *Prior siquidem a Gessoriaco littore invectus, etiam illi exercitui tuo quum Sequana in fluctus invexerat irrevocabilem invexisti mentis ardorem*[2]. Or, n'est-il pas naturel de supposer qu'en cette occasion l'armée

[1] *Notitia Imperii.* — Voir Valois, *Notitia Gall.*, p. 156.
[2] Eumene, *Panegyr.*, n° XIV. *Aurel. Vict.*

romaine, suivant les traditions de la discipline militaire, se fit un camp fortifié dont le souvenir et peut-être les vestiges existaient à l'époque d'Ammien Marcellin? Cette conjecture est tellement vraisemblable, qu'elle suffit pour décharger la responsabilité de notre historien.

Reprenons la suite des divisions administratives de la Gaule. Lorsque notre pays eut cédé à la fortune de Rome, le dictateur César, dit Ammien Marcellin, en fit quatre parties, savoir : la Narbonnaise, enfermant la Viennoise et la Lyonnaise ; l'Aquitaine, qui avait la prééminence sur les autres ; les deux Germanies, la supérieure et l'inférieure ; enfin la Belgique, partagée en deux juridictions [1]. Ce témoignage de notre historien est vivement critiqué par les commentateurs [2]. Ils disent que la Gaule, du temps de César, n'a jamais été divisée en plusieurs juridictions, qu'elle était gouvernée par un seul préteur, et que la partition en provinces doit être rapportée à Auguste. Mais Walcknaer prend encore ici avec succès la défense d'Ammien Marcellin [3], et dit que si réellement César a établi cette division, les critiques tombent d'elles-mêmes. La question est là.

Peut-on admettre qu'Ammien Marcellin ait inventé cette division? Sans doute, on ne le peut. Alors, notre historien aura dû la trouver dans des monuments que nous n'avons plus. Or, comment prouve-t-on que ces monuments l'ont trompé? Parce que, dit-on, c'est l'unité d'administration qu'on voit en usage du vivant de César et après lui. Ce n'est là qu'un argument négatif et d'une médiocre valeur. Il y a tant de raisons, dans la pratique du gouvernement, qui forcent parfois l'autorité à suspendre la règle pour employer des expédients ! Existait-il quelques-unes de ces raisons, à l'époque et après la mort de César? Nous n'éprouvons aucune peine à l'affirmer. D'abord, le dictateur, avant de pouvoir organiser sa belle conquête d'une manière permanente, dut la placer provisoirement sous la direction d'une seule main, afin que l'action gouvernementale étant plus indépendante, devint,

[1] Lib. XV, c. XI.
[2] Voir Valesius et Wagner, dans leurs annotations à Ammien Marcellin.
[3] *Géograph. Anc. des Gaules*, t. II, p. 3.

par là même, plus énergique. Puis, tout le monde sait, qu'après la mort de César, les Gaules furent, pour les triumvirs jusqu'à l'avènement du principat, l'objet de compétitions telles, qu'elles ne permirent pas de rien y maintenir de normal. Qu'en raison de ces diverses circonstances, la division effectuée par César soit restée à l'état de lettre morte, c'est possible ; mais cela ne prouve nullement qu'elle n'ait pas existé. L'autorité d'Ammien Marcellin reste donc entière.

Maintenant, tout porte à croire qu'Auguste, devenu le chef unique du monde romain, au lieu d'imaginer une division nouvelle, trouva plus simple, lorsqu'il tint les États de la Gaule à Narbonne, de reprendre le système de son père adoptif, en y ajoutant toutefois les modifications suivantes : 1° La partie de la *Celtique* qui portait le nom de *Gallia braccata* fut appelée *Gallia Narbonensis ;* 2° L'*Aquitaine* fut poussée jusqu'à la *Loire ;* 3° Le reste de la Gaule fut divisé, en *Celtique*, ayant *Lugdunum* pour capitale, et en *Belgique*, ayant pour limites le *Rhin*[1]. Ainsi qu'on le voit, Auguste ne conserva pas la subdivision de la *Belgique*, en *Germanie supérieure* et *Germanie inférieure*. Mais, l'histoire montre qu'on ne tarda pas à y revenir, puisque Tacite[2] fait mention des deux *Germanies*.

Cet ordre de choses subsista au moins jusqu'à Dioclétien, c'est-à-dire, pendant plus de trois cents ans. Il devait entrer dans le système administratif du souverain qui brisa l'unité impériale de morceler les provinces. Lactance, en lui en faisant le reproche[3], témoigne assez qu'il se permit de nombreuses divisions. La Gaule fut-elle comprise dans les plans de partage de ce prince? On peut le conjecturer. Mais, aucun renseignement positif ne le prouve. Il faut arriver jusqu'en 358, vers la fin du règne de Constance, pour constater que les divisions d'Auguste n'existaient plus et qu'elles avaient été remplacées par un autre arrangement. Alors, un auteur chrétien, saint Hilaire de Poitiers,

[1] Strabon. *Géogr.*, lib. IV, p. 122.
[2] *Hist.*, lib. I, c. IX et XII.
[3] *Provinciæ quoque in frusta concisæ. De morte persecut.*, c. VII.

écrivant aux évêques de la Gaule, mentionne, dans l'entête de sa circulaire, neuf provinces, savoir : La première et la seconde *Germanie*, la première et la seconde *Belgique*, la première et la seconde *Lyonnaise*, l'*Aquitaine*, la *Novempopulanie* et la *Narbonnaise*.

Il paraît évident que cette division de toute la Gaule, en neuf provinces, attestée par saint Hilaire, n'était point un fait qui datât de l'année 358 ; il était déjà ancien. Mais à qui faut-il l'attribuer, à Dioclétien, à Constantin ou à Constance ? Nul ne saurait le dire. Ammien Marcellin ne nous éclaire point à cet égard. L'on peut seulement déduire de son texte que le partage, mentionné dans saint Hilaire, n'était pas définitif, puisqu'à l'époque où notre historien écrivait, cette division avait été remaniée. Maintenant, dit-il, voici les provinces qui sont renfermées dans les limites des *Gaules :* « La seconde *Germanie* qui part de l'extrême frontière occidentale, défendue par deux vieilles et populeuses cités, *Agrippina* (Cologne) et *Tongre;* ensuite la première *Germanie* où, sans parler des autres municipes, brille *Moguntiacum (Mayence);* puis, *Vangiones*[1] *(Worms)*, *Nemetes*[2] (Spire) et *Argentoratus* (Strasbourg), célèbre par les défaites des barbares. Après ces provinces, vient la première *Belgique*, renfermant *Mediomatrici* (Metz)[3], *Treviri* (Trèves), séjour illustre des empereurs. La deuxième *Belgique* joint la première, et se fait remarquer par *Ambiani Catalauni* et *Remi*, c'est-à-dire, *Amiens*, *Châlons* et *Reims*. Chez les *Sequani*, l'on remarque, entre beaucoup d'autres villes, *Bizontii* (Bezançon) et *Rauraci* (Bâle). *Lugdunus*[4] (Lyon), *Cabilonus* (Chalon), *Senones* (Sens), *Bituriges* (Bourges), et *Augustodunum* (Autun), fameux par la grandeur de ses antiques murailles, font l'ornement de la première *Lyonnaise*. *Rothomagi* (Rouen), *Turones* (Tours), *Mediolanum* (Évreux). et *Tricassini* (Troyes), se montrent avec avantage dans la

[1] D'abord Bormetomagus.
[2] Noviomagus.
[3] Divodurum. Puis Mettis et Augusta Trevirorum.
[4] Lugdunum.

deuxième *Lyonnaise*. Les *Alpes Graies* et *Pennines*, outre les villes moins connues, possèdent *Aventicum* (Avenche), aujourd'hui déserte, mais dont les ruines attestent l'antique splendeur [1].

Ici, Ammien Marcellin se trompe, en classant, *Aventicum* dans la division des *Alpes Graies* et *Pennines*. Cette ville, en effet, déjà détruite de son temps, était située dans la *Sequanie*.

A ces provinces, que notre historien qualifie de magnifiques, il faut ajouter: 1° l'*Aquitaine*, confinée par les *Pyrénées* et la partie de l'Océan qui appartient à l'Espagne. Cette province se subdivise en *Aquitanique*, remarquable par la grandeur de ses villes, parmi lesquelles se distinguent *Burdegala* (Bordeaux), *Arverni* (Clermont), *Santones* (Saintes) [2], et *Pictavi* (Poitiers); en *Novempopulanie*, où se trouvent *Ausci* (Auch) et *Vasatæ* (Bazas): 2° La *Narbonaise* ou *Élusa* (remplacée par Eauze) [3], *Narbona* (Narbonne) et *Tolosa* (Toulouse) tiennent le premier rang : 3° La *Viennoise* où se font remarquer *Vienna* (Vienne), *Arelate* (Arles), *Valentia* (Valence) auxquelles nous devons joindre *Massilia* (Marseille) dont l'alliance fut plus d'une fois utile à Rome, dans des circonstances difficiles : 4° La partie qui est renfermée, entre la *Durance* et la mer, où sont les *Salluvii* (Salyes), *Nicœa* (Nice), *Antipolis* (Antibes) et les îles *Stœcades* (îles d'Hières) [4].

Cette statistique présente en tout douze provinces. C'était bien là le nombre existant au moment où Ammien Marcellin écrivait son histoire. Mais, comme la *notice* des Gaules en nomme dix-sept, il va sans dire que cet arrangement ne tarda pas à être retouché.

Un fait qui frappe, quand on suit le recensement des divisions administratives de la Gaule, c'est la différence qui éclate, entre

[1] Ammien Marcellin n'a pas une orthographe uniforme pour écrire les noms des villes. Peut-être faut-il attribuer cette irrégularité aux copistes.

[2] Augustonometum.

[3] Mediolanum et Limonum.

[4] Il s'agit ici des grandes *Stœchades*, parce que les petites *Stœchades* forment la rade de Marseille.

les provinces du Nord et celles du Midi, dans la désignation des villes principales. Presque toutes les villes du Nord portent le nom des peuples dont elles étaient les métropoles. Il n'est fait aucune mention du nom propre que leur avait appliqué le cadastre romain. L'*Urbs* a totalement disparu pour faire place à la *Civitas*; c'est-à-dire à l'agrégation cantonale. C'est le contraire qui se produit dans les provinces du Midi. Ici, la *Civitas* ou l'agrégation cantonale s'efface, et l'*Urbs* ou le chef-lieu triomphe. La raison de cette différence est que Rome s'était moins bien assimilé la région du Nord que celle du Midi. Celle-ci, en effet, plus rapprochée du premier pays conquis, c'est-à-dire, de ce qu'on appelait la *Province*, et par là même, immédiatement soumise à l'influence des maîtres du monde, en avait plus volontiers contracté l'esprit, les habitudes, le langage et accepté les traditions. Tandis que la région du Nord, éloignée du spectacle de la civilisation latine, et conséquemment restée plus barbare, avait mieux conservé le souvenir de la vieille nationalité gauloise. On était assez soumis pour obéir, on ne l'était pas assez pour abdiquer. L'indépendance n'existait plus, mais on en retenait encore l'image.

Au tableau géographique de la Gaule, Ammien Marcellin ajoute un portrait physique et moral des Gaulois au IVe siècle qui ne manque pas d'intérêt. Sans doute, sous Gratien, nos ancêtres n'offraient plus le caractère de cette sauvage et fière nation qui lutta avec tant d'éclat contre la fortune de César; nous allons voir toutefois, que l'influence de la domination étrangère n'y avait pas entièrement éteint l'énergie primitive.

« En général, dit notre historien, les Gaulois ont la taille haute, le teint blanc, les cheveux blonds, les yeux hagards. Ils sont querelleurs et vains outre mesure. Plusieurs étrangers réunis ne sauraient résister à un seul d'entre eux, s'il appelle à son aide sa femme qui l'emporte encore sur lui par sa vigueur et la férocité de son regard. Celle-ci est redoutable surtout, lorsqu'enflant son gosier et grinçant des dents, elle déploie ses grands bras, blancs comme la neige, et s'apprête à jouer des pieds et des poings aussi puissants que des catapultes. Ils ont la plupart, la voix terrible et menaçante, alors même qu'ils ne sont pas en colère. Tous estiment la propreté. Chez eux, et principalement chez les Aquitains, il est rare de voir un homme ou une femme, quelle que soit sa pauvreté, vêtu d'habits sales ou déchirés. Ils sont bons pour la guerre à tout âge. Le vieillard y va avec autant d'entrain que le jeune homme. Endurcis par le froid et le travail, ils méprisent tous les dangers. Et, ce n'est pas chez eux comme en Italie, qu'on voit des gens se couper le pouce, afin d'échapper au service militaire, et mériter, par cette mutilation, le surnom local de *murci lâches* [1]. Nous n'avons donc pas à rougir de nos pères. »

3. — GÉOGRAPHIE HISTORIQUE

Cette partie n'est pas la moins curieuse de ce que Ammien Marcellin a écrit sur la Gaule.

Pendant le règne de Constance, c'est-à-dire, de 336 à 355, les *Alamanni*, qui ne sentaient plus le vigoureux bras de Constantin, franchirent le Rhin et exercèrent, dans les provinces orientales de la Gaule, des ravages, que les légions indisciplinées et mal commandées étaient inhabiles à réprimer. De fait, un tiers du pays n'appartenait plus à l'Empire. Pour réparer ces désastres, Constance, au mois de novembre 355, se décida à créer César, son cousin, Flavius Claudius Julianus et à l'envoyer dans les Gaules. Nous n'avons pas à raconter les motifs qui dictèrent ce choix, ni les circonstances qui l'accompagnèrent, et encore moins à dire comment un jeune prince, arraché tout à coup aux écoles d'Athènes et sans expérience, devint en peu de temps un grand général. Notre tâche doit se borner à le suivre et à reconnaître les lieux où ses opérations vont se succéder.

Après avoir revêtu la pourpre à Milan, Julien vint à *Ticinum Laumellum Lumello*, accompagné de l'empereur. Delà,

[1] Les Italiens ont tiré de là le mot *poltrone*, *pollex truncatus*, que nous traduisons, nous autres français, par celui de *poltron*.

il continua seul sa route par la voie qui conduit dans la Transalpine, à travers les *Alpes graies*. Mais, arrivé à *Eporedia (Yvrée)*, il quitta brusquement cette voie et se dirigea vers *Taurinum Turin*, chemin plus direct, dit Ammien Marcellin, *rectis itineribus*, et qui menait au passage des *Alpes cottiennes*. Il en gravit les rampes jusqu'à *Brigantium Briançon*. Après cette station, la route se partage en plusieurs branches, dont deux filent vers la Province. Julien négligea ces routes, et en prit une troisième que l'itinéraire ne note point, mais que nous trouvons dans la carte de Peutinger, et qui mène, par *Cularo Grenoble*, *Morginno Moiran* et *Turcionnico Ornacieu*, à *Vienna* ou *Vigenna*, comme dit la carte. Il y arriva vers la fin de décembre, avec une escorte de trois cent soixante hommes.

Vienne, au milieu du IVe siècle, malgré le voisinage de *Lugdunum*, brillait toujours par sa splendeur, *decore*. La capitale des Allobroges n'avait encore éprouvé aucune des révolutions qui devaient plus tard détruire ses monuments et amoindrir sa population. C'était toujours Vienne la belle, et chose nouvelle pour elle, un César allait y passer l'hiver et y établir un instant le centre du gouvernement.

Pendant que Julien s'y préparait à la guerre, les barbares, qui croyaient n'avoir rien à redouter de sa jeunesse et de son inexpérience, continuaient leurs incursions. Déjà, ils avaient pris et ruiné quarante cinq villes, dans la deuxième *Germanie* et la *Séquanie*. Parmi ces villes, on comptait *Argentoratum Strasbourg*, *Brocomagus Brumat*, *Tabernas Savern*, *Salisionem Selz*, *Nemetas Spire*, *Vangiones Worms*, *Moguntiacum Mayence*. Au printemps de 366, ils vinrent attaquer *Augustodunum Autun*, l'antique métropole de la Gaule orientale. Les murailles de cette ville tombaient de vétusté, et c'en eût été fait d'elle, si un corps de vétérans n'était venu à propos dégager la garnison.

Cette échauffourée décida Julien. Quoique encore mal préparé, le César quitta *Vienne*, à la fin de juin, et se porta rapidement sur la capitale des *Eduens*. Comme aucun chemin direct n'allait de *Vienne* à *Autun*, il dut prendre la grande voie d'Agrippa qui longeait la rive droite de la Saône, passa par *Lugdunum* Lyon, *Matisco* Mâcon, *Tinurtium Tournu*, *Cabillonum Châlons*, d'où un embranchement, marqué dans l'itinéraire et dans la carte, le mena à *Augustodunum*. Cependant, comme les cartes du pays[1] signalent un compendium partant de *Matisco* et passant par *Mont-Cenis*, il est possible qu'il s'en soit servi de préférence à la grande ligne.

Arrivé à Autun, Julien, qui n'était suivi que d'un faible corps d'armée et qui voulait dérober sa marche à l'ennemi, désirant s'éclairer sur la route qu'il convenait de tenir, réunit un conseil de guerre, auquel il appella les personnes réputées pour leur connaissance du pays. Ammien Marcellin dit que les avis furent partagés. Les uns conseillaient au César de prendre par *Sedeulocum Saulieu* et *Cora Cure*, les autres proposaient le chemin d'*Arbor*.

Ici, un large champ s'ouvre aux conjectures : Quel est cet *Arbor* ? Est-ce un mot entier, ou bien, n'en est-ce qu'une première partie? Nul ne saurait l'affirmer ; car, il y a précisement, à cet endroit, une lacune dans le texte de l'historien. Un estimable écrivain, que la mort vient d'enlever trop tôt aux études historiques, n'hésite pas, dans une très-intéressante monographie sur l'Arbrèle, à traduire ce mot *Arbor* par celui de sa ville natale; rattachant ainsi le berceau de ce beau village à l'époque romaine[2]. Une pareille interprétation montre, une fois de plus, de quelles étranges illusions est capable l'amour du pays! Le sentiment de M. Gonin ne peut supporter la moindre discussion sérieuse, et le simple récit d'Ammien Marcellin suffit pour le renverser.

En effet, Julien n'est ni à *Vienne* ni à *Lyon*, mais à *Autun*. Sur quel chemin lui importe-t-il d'être renseigné ? Naturellement, sur un chemin qui doit le conduire au Nord, où se trouvent ses légions, et en même temps les barbares qu'il a à

[1] Voir Rosny, *Hist. d'Autun et d'Anville*.

[2] Gonin, *Hist. de l'Arbrèle*.

combattre. Eh bien, supposons qu'*Arbor* occupât l'emplacement de l'Arbrèle, qu'auraient fait ceux qui conseillaient cette voie à Julien? Ils lui auraient conseillé de rétrograder de 150 kilomètres au Midi, c'est-à-dire, qu'ils lui auraient conseillé d'aller à l'inverse de son but. Ce qui est tout simplement absurde.

Mais la réfutation d'une erreur ne suffit point à établir la vérité. L'énigme n'en existe pas moins. Évidemment *Arbor* ne saurait être l'Arbrèle, mais quel est-il? Nous voyons bien, sur la rive gauche du lac de *Constance, Arbor félix*, aujourd'hui *Arbon*, où, à l'époque, il y avait un camp romain. Mais, il ne se peut agir de cet endroit. *Arbor félix* se trouvait à l'Est à plus de 100 lieues d'*Augustodunum*, et les conseillers de Julien ne pouvaient raisonnablement lui proposer une telle inflexion sur sa droite. On a parlé d'*Arbois*, mais ce lieu est encore à l'Est, non au Nord. Walcknaer indique *Arbot sur Aube* : Mais ce lieu, bien que situé au Nord, est trop loin d'*Autun*; puis, une similitude aussi vague de noms suffit-elle pour établir une identité de lieu?

Dans ses *Éclaircissements sur l'ancienne Gaule*, d'Anville a émis une conjecture digne de la sagacité de ce grand géographe, et qui mérite notre attention. « Il faut considérer, dit-il, que Julien, en partant d'*Autun*, avait dessein de se rendre en diligence à *Rheims*, où la grande armée avait ordre de l'attendre. Ainsi, il devait passer par *Troyes*, qui est dans la direction d'*Autun* à *Rheims*; le chemin, par *Saulieu* et par *Chora*, y conduisait... Ainsi l'*Arbor*, qui était sur le premier chemin, qu'on avait d'abord proposé à Julien de prendre, doit être non-seulement placé entre *Autun* et *Troyes*, mais encore sur la droite des routes par *Saulieu* et le *Morvan*, puisque celles-ci prennent sur la gauche... Conséquemment, il propose pour *Arbor Arborignum* ou *Arbornæum*, dont par contraction on a pu faire *Arnæum* ou *Arnacum*, qui est le nom d'Arnai-le-Duc, dans les monuments du moyen âge. »

Il est à remarquer que d'Anville, qui emploie *Arborignum* ou *Arbornæum*, pour remplir le mot mutilé d'*Arbor*, repousse, d'accord avec Henri de Valois, l'*Arborosam* de Castel, qui signifierait *région couverte d'arbres* ; et pourtant il semble donner raison, d'une certaine manière, à l'interprétation de ce dernier, quand il dit que le mot *Arborignum* lui a été suggéré par un passage du panégyriste Eumène qui place, dans le pays des Eduens, à l'endroit d'*Arnai-le-Duc*, un *pagus Arebrignus*. Or, ce *pagus* est représenté par le Rhéteur comme une région gâtée par des marais ou envahie par des forêts et des broussailles, *aut corruptum est paludibus, aut sentibus et sylvis impeditum*[1]. D'après ce témoignage, il faut avouer que le sens, sinon le mot *arborosam*, serait assez bien justifié. Si l'hypothèse de d'Anville est vraie, ce ne serait pas le pays qui devrait son nom à l'endroit, mais bien l'endroit qui le tirerait du pays ; ce qui donnerait à penser que l'*Arbor* d'Ammien Marcellin était suivi, dans le texte original, d'un ou de deux mots que le temps a détruits, et qui exprimeraient l'état de la contrée tel que le décrit le passage d'Eumène. Cette présomption acquiert beaucoup de probabilité si l'on considère qu'*Arbornæum* ou *Arnœum Arnai-le-Duc* se compose de deux mots celtiques *Ar*, champ et *Naid*, pays rempli de bois. Ainsi, l'*Arbor* de notre historien ne serait pas autre chose que le *PagusArebrignus* d'Eumène, situé entre *Autun* et *Alise*. Nous ne voudrions pas être plus affirmatif que d'Anville qui n'attribue à son sentiment que la valeur d'une conjecture, mais nous serions bien tenté de l'adopter.

Julien ne se décida pour aucune des deux routes conseillées, parce qu'on lui en indiqua une troisième plus courte, quoique difficile, dangereuse même. C'était un chemin de traverse par où Sylvanus, maître de l'infanterie, avait déjà passé. Julien ne voulut pas paraître moins hardi que ce général, et ce fut par ce sentier qu'il se rendit à *Autosidorum Auxerre*. D'Anville marque, dans sa carte, ce *compendium* comme formant la corde de l'arc que décrit la voie romaine, entre *Saulieu* et *Auxerre*. l'*Autosidorum* est le même que l'*Autesiedorum* de l'itinéraire et l'*Autesidorum* de la carte.

Après un court repos pris dans cette ville, Julien se remit en

[1] *Eumenis gratiarum actio Constantino Augusto*, ch. VI.

marche avec sa petite armée, à travers les barbares qui couraient le pays. Évitant les uns, trompant les autres, en surprenant quelques uns, par la célérité de sa course, il arriva à *Troyes*. Le nom primitif de cette ville est *Augustomana*, selon Ptolémée, *Augustobona*, selon la carte et l'itinéraire ; mais, à l'époque d'Ammien Marcellin, la ville ayant été absorbée par la cité, *Augustobona* s'appelait *Tricassas*. De là, Julien gagna *Rheims Remos*, où il se réunit à ses légions.

Il y eut à Rheims un deuxième conseil de guerre pour arrêter le point d'attaque, et l'on se décida pour *Decem Pagi, Dieuze*, dans le pays des *Mediomatrici*. Ammien Marcellin ne nous apprend pas par quelle route Julien se rendit à *Decem Pagi*. Il se contente de dire qu'il fut obligé d'user de la plus grande prudence pour éviter les surprises des barbares. De *Decem Pagi*, il marcha vers le pays des *Tribocci* et occupa *Brocomagus Brumat*. L'ennemi s'étant présenté, Julien le mit en fuite après un combat heureux, et se dirigea vers le nord pour reprendre *Agrippina Cologne*. Notre historien fait observer que, dans cette marche, l'armée romaine ne rencontra ni une cité, ni un château, jusqu'à l'endroit où la Moselle se jette dans le Rhin, et qu'on nomme *ad confluentes*. C'est que Julien, voulant masquer son mouvement aux barbares maîtres des villes reliées par la voie romaine, sur la rive gauche du Rhin, suivit le pied des Vosges, alors couvert de forêts, où, effectivement, il n'y a dans l'itinéraire et dans la carte, ni ville, ni château : *per quos tractus nec civitas ulla visitur nec castellum*[1]. *Ad confluentes* est remplacé aujourd'hui par *Coblentz*. *Rigomagus* où passa Julien, après *ad confluentes*, est, à n'en pas douter, *Rimagen*. Quant au lieu désigné sous le nom de *Turris*, près de *Cologne*, nul ne saurait dire par quoi il est actuellement représenté.

Cologne ou *Colonia Agrippina*, l'objectif de Julien, ne tirait pas son nom d'Agrippa, comme quelques-uns l'ont dit, mais de la fameuse Agrippine, fille de Germanicus et mère de Néron qui

[1] Lib. XVI, n° 211.

y était née[1]. Tacite est exprès à cet égard : *Agrippina, oppidum ubiorum, in quo genita erat, cui nomen inditum est ex vocabulo ipsius. Agrippina* et *Brocomagus* occupés, Julien possédait deux points d'appui dans sa lutte engagée avec les barbares. Cette double conquête ne lui avait guère coûté qu'une marche audacieuse, mais il avait atteint son but. Ne trouvant plus rien à faire, il quitta le pays des Ubiens, traversa celui des Trévires et vint prendre ses quartiers d'hiver à *Sens*. Ammien Marcellin dit *Senonas* et non *Agedincum*. Nouvel exemple de l'absorption de la ville par la *Civitas*.

Julien expérimenta par lui-même dans cette station que l'audace est quelquefois une mauvaise conseillère. Ayant dispersé ses légions afin de leur faciliter le moyen de vivre, et n'ayant gardé avec lui qu'une escorte, il faillit être enlevé par un retour offensif des Barbares. Son héroïsme le sauva, mais cette surprise dut lui servir de leçon.

Le printemps arrivé, il se proposa de faire repentir l'ennemi de sa hardiesse. Une double occasion s'en présentait. D'un côté, les Barbares, après leur échauffourée sur *Sens*, s'étaient aventurés vers *Lugdunum*, dans l'intention de surprendre cette ville et de la piller. D'un autre côté, un corps de vingt-cinq mille hommes, envoyé par Constance, au secours du César, s'avançait à travers les *Rauraci*, sous la conduite de *Barbatio*. Ce magnifique renfort, arrivant sur le coup de la témérité des Barbares, faisait espérer à Julien de les surprendre à son tour, et de les étreindre dans une sorte de tenaille, *forcipis specie*, pour employer une expression de notre historien.

Afin de seconder les opérations de Barbatio, le César s'était transporté avec treize mille hommes à *Tres Tabernæ*[2], et s'occupait, en l'attendant, à relever les fortifications de cette place

[1] Tacite, *Annal.*, lib. XII, ch. LXXVII.

[2] C'est ainsi que les Romains appelaient les forteresses qu'ils bâtissaient sur les frontières, qui prenaient leur nom des tavernes qu'ils y établissaient pour la commodité des peuples. Henri Martin, *Hist. des Gaules*, t. II, p. 381.

ruinées par l'ennemi. L'itinéraire et la carte notent trois places du nom de Tabernœ; la première, située près du Rhin, entre *Noviomagus Spire* et *Saletio Selz*, représentée aujourd'hui par *Rhein-Zabern;* la seconde, entre la première et *Concordia*, représentée par *Berg-Zabern;* enfin la troisième, entre *Divodurum Metz* et *Argentoratum Strasbourg*, connue des Allemands sous la dénomination d'*Elsass-Zabern*, et que nous appelons *Saverne*. Mais, à laquelle de ces trois *Tabernœ* doit-on appliquer le nom de *Tres Tabernœ*[1]? Cluvier affirme que c'est à *Rhein-Zabern;* D'Anville, au contraire, croit que c'est à *Saverne;* et il en donne deux raisons tirées du texte même d'Ammien Marcellin. La première, c'est que le *Tabernœ*, en question, était situé dans l'intérieur de la Gaule, *ad intima Galliarum;* ce qui concorde avec la position de *Saverne*, et ne saurait convenir à *Rhein-Zabern*, placée sur le Rhin, et conséquemment aux limites de la Gaule. La seconde raison, c'est que Julien, pour joindre les Barbares postés près de *Strasbourg*, n'avait à parcourir que quatorze lieues gauloises, soit 31 kil. 732^{m}, tandis que la distance de *Rhein-Zabern* à *Strasbourg* est de trente-six lieues gauloises, soit 81 kil. 648^{m}[2]. Ces raisons paraissent péremptoires. Julien, lui-même, dans sa fameuse épître aux Athéniens[3], confirme le sentiment de d'Anville, quand il dit que la place, dont il réparait les fortifications, était située au pied des *Vosges*, non loin de *Strasbourg*[4].

Pendant que Julien, à *Tres Tabernœ*, se préparait à entrer en campagne, il apprend tout à coup qu'il ne devait plus compter sur les vingt-cinq mille hommes de *Barbatio*, que ce général, soit trahison, soit incapacité, s'était laissé surprendre à Bâle et mettre en déroute, par un détachement d'*Alamanni* remontant de *Lugdunum;* puis, que la grande armée de ces Barbares, qui avait

[1] Ainsi appelée de trois retranchements qui formaient trois quartiers différents (le même, *ibidem*).

[2] D'Anville. *Notice de l'ancienne Gaule.*

[3] P. 512.

[4] Αργέντορα πλησίον προς ταῖς ὑπωρείαις αὐτοῦ βοσσέγου. Voir les notes du P. Pétau sur ce passage, édit. de Paris, p. 299 des œuvres de Julien.

déjà passé le Rhin, sous la conduite d'un de leurs rois *Chnodomaire*, et campait entre *Tribuncos* et *Concordia*, encouragée par ce succès inespéré qui la délivrait d'un de ses adversaires, s'était ébranlée tout entière et portée, près d'*Argentoratum*, pour écraser, sous une masse de trente-cinq mille hommes, les treize mille Romains enfermés dans *Tres Tabernæ*.

Ces nouvelles désastreuses, qui auraient fait reculer un général ordinaire, inspirèrent au contraire à Julien une résolution héroïque. Il comprit que, dans sa position critique, il fallait vaincre ou périr. Au lieu donc de battre en retraite ou d'attendre, derrière les murailles refaites de *Tres Tabernæ*, que les barbares vinssent l'assaillir, il marche lui même droit à leurs retranchements, pour leur livrer bataille. Un tel mouvement rendait, en effet, un choc inévitable.

Il n'est pas aisé de préciser le lieu où se heurtèrent les deux armées. Ammien Marcellin dit bien que ce fut près de *Strasbourg, prope urbem Argentoratum*. Mais ce *prope* est vague et peut s'entendre de diverses manières, selon l'idée qu'on se forme, soit du point de départ de l'armée romaine, soit de la position des barbares. A cet égard, trois hypothèses ont été imaginées. La première est de Philippe Cluvier, lequel pense que l'événement s'est passé à *Drusenheim* non loin de la *Lauter* et de *Concordia*, où les *Alamanni* avaient établi leur camp, et qu'on l'a appelé bataille de *Strasbourg*, non parce qu'il eut lieu sous les murs de cette ville, mais parce que cette ville était la plus illustre et la plus considérable du pays. La seconde hypothèse appartient au père Laguille qui, dans son histoire d'Alsace, s'étayant des données d'Ammien Marcellin et de Libanius[1], place le combat, entre les villages de *Mundolsheim* et de *Souffelwersheim*, distant de *Strasbourg* d'environ 7 à 8 kilomètres; parce que, dit-il, dans cet endroit, on trouve d'abord, le *prope urbem Argentoratum*; puis, le *collis molliter editus*, désignés par cet historien; enfin, dans le *Souffel*, le ruisseau bordé d'épais roseaux signalé par Libanius. La troi-

[1] *Oratio in Juliani necem*, p. 274 et seq.

sième hypothèse est due à Daniel Schæpflinus qui, dans son *Alsatia illustrata*[1], estime que la bataille s'est donnée dans les environs d'*Hugsbergen* presque sous les murs de *Strasbourg*, parce que là on peut vérifier sans peine toutes les circonstances notées par Ammien Marcellin et Libanius[2].

L'hypothèse de Cluvier, malgré le nom de l'auteur, ne mérite pas d'être discutée. Rien n'y cadre avec les circonstances indiquées par les historiens, et elle est la conséquence de son erreur, à l'égard de *Rhein-Zabern*, qu'il prend pour *Tres Tabernæ*. L'hypothèse du père Laguille serait plus supportable ; mais, elle ne s'accorde pas avec la distance de *Tres Tabernæ* au camp des barbares, et par là même, elle éloigne trop, du théâtre de l'action, le Rhin qui ne saurait en être separé.

S'il fallait faire un choix entre les diverses suppositions, nous nous rattacherions à celle de Schœpflinus qui nous paraît plus conforme aux distances et aux lieux : 1° aux distances : Quand Ammien Marcellin dit que les barbares étaient postés près de la ville de *Strasbourg*, et qu'il y avait, de *Tres Tabernæ* à leurs retranchements, 14 lieues gauloises, comment à-t-il pu connaître aussi précisément cette dernière particularité, si ce n'est par les bornes milliaires de la voie romaine de *Tres Tabernæ* à *Argentoratum* qui marquaient 14 lieues gauloises ? Il est donc à croire que Julien, pour joindre les *Alamanni*, n'a pas eu à parcourir d'autre route que celle de *Saverne* à *Strasbourg*.

2° Cette supposition est plus conforme aux lieux. Schœpflinus signale, près d'*Hugsbergen*, une hauteur peu escarpée. Pourquoi ne serait ce pas là le *collis molliter editus*, cette colline à pentes douces, sur laquelle les romains surprirent quatre vedettes, par lesquelles ils furent renseignés sur la position de l'armée ennemie ? Bien qu'on ne fût là qu'à une courte distance du Rhin, *Rheni haud longo intervallo*, cette armée ne paraissait pas, cachée qu'elle était par les roseaux d'un marécage et par les levées des retranchements. Or, Libanius affirme que, dans

[1] Tome I, § LXXXII, p. 406.
[2] *Locis citatis.*

l'endroit où fut livrée la bataille, il y avait un cours d'eau, auquel il donne le nom d'ὀχετός, qui signifie canal, aqueduc; que le cours d'eau était bordé d'une forêt de roseaux, et de plus que cet endroit était marécageux, ὑδρηλὸν[1], ce qui s'accorde parfaitement avec le *lutosum boueux* d'Ammien Marcellin. Mais, toutes ces circonstances se trouvent dans la rivière d'*Ill* et dans le pays plat qu'elle traverse avant d'entrer dans les murs de *Strasbourg*. Si l'on ajoute que là, on est très-proche du Rhin, on s'explique fort bien le récit d'Ammien Marcellin, qui dit que l'armée barbare, mise en déroute, n'ayant aucun moyen de retraite, fût jetée dans le fleuve. Toutefois, ce ne sont là que des conjectures. Mais, si l'on est incertain du lieu, on sait, à n'en pas douter, l'issue de cette mémorable bataille, digne des plus beaux jours de l'Empire, où la Gaule, presque perdue, fût reconquise d'un seul coup, et où se déploya, une dernière fois, avec un si foudroyant éclat, le grand génie militaire de Rome.

La fuite du roi Chnodomaire, pour regagner son camp de *Concordia*, nous fournit l'occasion de parler de l'emplacement de cette ville. L'itinéraire d'Antonin la mentionne, entre *Brocomagus Brumat* et *Noviomagus Spire*. Or, la distance marquée de 18 lieues gauloises, ou 40 kil. 360^{m}, de *Brocomagus* à *Concordia*, et de 20 lieues, ou 45 kil. 360^{m}, de *Concordia* à *Noviomagus* répond à la distance de *Brumat* à *Altenstad*, et à celle d'*Altenstad* à *Spire*. D'où il résulte qu'*Altenstad* sur la *Lauter* occupe l'emplacement de *Concordia*. Quant à la position de *Tribuncos* qui ne devait pas être éloignée de *Concordia*, d'Anville la rapproche du Rhin, et la fixe près de l'embouchure de la *Lauter* dans le fleuve, au lieu obscur de *Bergen*.

Après la bataille d'*Argentoratum*, Ammien Marcellin fait revenir Julien à *Tres Tabernæ*. Le César n'y prend qu'un court repos. Pressé de recueillir les fruits de sa victoire, il repart aussitôt, traverse comme un trait les *Triboques*, les

[1] Voici le passage entier : ὁ ἔκρυψεν ὑπὸ ὀχέτῳ μετεώρῳ καλάμων πυκνῶν· καὶ γὰρ ἦν ὑδρηλὸν τὸ χωρίον.

Németes, les *Vangions*, arrive chez les *Caracates* à *Moguntiacum Mayence*, situé, comme aujourd'hui, dans la courbe que décrit le Rhin vers son confluent avec le *Mein*; puis, après avoir porté la terreur au delà du fleuve, il revient prendre ses quartiers d'hiver, mais, cette fois à *Paris*.

Nous avons signalé *Lutecia*, à l'occasion du cours de la Seine, ils est temps d'en parler plus au long. L'antiquité de *Lutecia* ne saurait être mise en question. César mentionne cette ville, à deux reprises; d'abord, pour indiquer son importance politique; puis, pour marquer sa position topographique, située, dit-il, dans une ile de la Seine, *Luteciam oppidum Parisiorum positam in insula fluminis Sequanæ*[1]. Strabon l'appelle λουκοτοκίαν et la place également dans une île de la Seine[2]. Nous avons déjà vu ce qu'en dit Ammien Marcellin. Mais, en y amenant Julien, notre historien lui donne le nom de *Parisios*. Ce qui indiquerait que, là aussi, la *Civitas* commençait à effacer l'*Urbs*, et que le temps ne devait pas tarder où *Lutecia* serait entièrement oubliée. Du reste, Ammien Marcellin, en lui appliquant le nom de *Castellum*, *Zozime*[3] et Julien, celui de πολίχνην, *parvum oppidum* montrent assez que *Paris*, promis à un si grand rôle dans l'histoire du monde, n'était alors qu'une bicoque. Comment en aurait-il pu être autrement, Cette ville n'ayant pour assiette que le faible espace de terrain limité par les bras de la Seine?

Julien a tracé de *Lutecia*, dans le Misopogon, une courte description qui suffit pour donner une idée de ce que Paris était alors : « *Lutèce*, dit-il, c'est ainsi qu'on appelle dans les Gaules la petite capitale des Parisiens, occupe une île peu considérable. environnée de murailles, dont la rivière baigne le pied. » Malgré son exiguité, *Lutèce* ne laisse pas de plaire à Julien, puisqu'il lui donne l'épithète de *chère*. Et, l'on peut dire que c'est du séjour que vint y faire le vainqueur des *Alamanni*, que date la grandeur de cette ville. Valentinien et Gratien suivirent

[1] Lib. VII, ch. LXVII.
[2] Lib. IV, p. 131.
[3] *Hist. rom.*, lib. III. Zozime commet une erreur quand il ajoute que Paris était une ville de la Germanie.

l'exemple de Julien, et, en se fixant à *Lutèce*, continuèrent à la regarder comme le centre des Gaules. L'histoire nous apprend comment la royauté franke qui succéda à l'empire confirma cette opinion.

On attribue généralement à Julien la construction de l'édifice dont on voit encore les imposants débris non loin de la cité, sur la rive gauche de la Seine. On l'appelait le vieux palais sous Louis VII, le palais des thermes sous Saint-Louis, présentement on dit les Thermes, ou les bains de l'empereur Julien. Sauval, dans ses antiquités de Paris, interprétant ces mots du Misopogon, παρα λουτρεικιαν, conclut que cet édifice servait de demeure à Julien[1]. Il n'est personne qui, à travers les nombreux monuments de Paris, n'ait remarqué ce reste romain. Et, chose étrange ! La superbe ville, qui semble aujourd'hui attacher sa gloire à déchaîner la liberté sur le monde, s'enorgueillit de posséder une ruine qui lui rappelle le souvenir de ses anciens dominateurs !

Les autres expéditions de Julien, jusqu'à son retour en Orient, s'étant accomplies de l'autre côté du Rhin, la géographie de la Gaule n'a rien à en recueillir.

Celles de Valentinien et de Gratien fournissent deux particularités qu'il importe de relever. En 367, les *Alamanni* passent de nouveau le Rhin, et, divisés en trois corps, se répandent dans l'intérieur de la Gaule. Valentinien, qui résidait alors à *Paris*, envoie son lieutenant Jovinus pour les combattre. D'après Ammien Marcellin, le premier de ces corps s'était avancé jusqu'à *Catalaunus Châlons sur Marne*. Le troisième campait à *Scarpona* près d'un fleuve, *prope flumen*. Le second occupait une position intermédiaire qui le reliait au premier et au troisième. Jovinus, après s'être renseigné sur cette position des barbares, manœuvra de manière à les prendre à revers. Dérobant habilement sa marche, il tombe, à l'improviste, sur le corps de *Scarpona*, se précipite sur le deuxième, avant que celui-ci ait connaissance de cette brusque attaque ; puis, sans s'arrêter, et

[1] Tome I, p. 65.

avec une diligence extrême, il vient surprendre le premier, à Châlon, *prope Catalaunas*[1]. Ces trois corps furent anéantis.

L'itinéraire et la carte placent *Scarpona* entre *Tullum*, *Toul*, et *Divodurum*, *Metz* sur la *Moselle*, à dix lieues gauloises de *Toul*, ou 22 kil. 680^{m}, et à 12 de *Divodurum*, *Metz*, ou 27 kil. 216^{m}, suivant l'itinéraire, ce qui répond actuellement au village de *Charpeigne* sur la Moselle.

La seconde particularité est relative à l'expédition, dans laquelle Gratien, en 377, battit à son tour une autre bande d'*Alamanni apud Argentariam*[2]. Cette ville est placée près des limites des *Rauraci* et des *Tribocci*, mais elle appartient au territoire des premiers. La carte de Peutinger écrit *Argentovaria*; l'itinéraire, *Argentuaria*. Il est difficile de fixer, d'une manière précise, l'emplacement de ce lieu; d'abord, parce que les diverses distances énoncées, entre *Argentaria* et *Argentoratum*, et entre *Argentaria* et *Augusta Rauracorum* ne concordent pas. Cluvier, Valois, Cellarius, Wesseling pensent que c'est aujourd'hui *Colmar*. D'Anville, après s'être efforcé de concilier les indications de la carte avec celles de l'intinéraire, e décide pour *Artzenheim*, qui n'est point très éloigné de *Colmar*. Quelle que soit l'autorité de d'Anville, nous n'osons dire qu'il ait raison.

Cette dernière particularité signalée, sinon résolue, il nous semble avoir épuisé les notions qu'Ammien Marcellin fournit à la géographie ancienne de notre pays. Du reste, la fin du IVe siècle est le dernier terme de l'antiquité, comme elle est celui des gloires du haut empire. Avec le Ve siècle et les invasions barbares qui le remplissent, tout change rapidement de face dans l'Europe occidentale. Les peuples nouveaux, en prenant la place des vieilles populations dont ils absorbent le sang, transforment aussi la topographie. Les noms primitifs se corrompent peu à peu; beaucoup disparaisent tout à fait. Ceux que survivent au cataclysme gardent à peine un reste d'euphonie

[1] Lib. XXVII. ch. II.
[2] Lib. XXXI, ch. X.

latine. C'est la France d'aujoud'hui qui se subsistue à la Gaule d'autrefois.

Ce travail séculaire de dissolution, puis de recomposition topographique a hérissé la science de difficultés, nous le savons bien. Mais, c'est précisément ce voile mystérieux, jeté sur le passé, qui stimule l'ardeur du savant et le pousse à rechercher les vestiges des monuments qui rattachent son pays à la civilisation des anciens âges. Il y a, de nos jours, une prétention vulgaire de faire fi des ancêtres et de tout dater du temps présent. Les esprits élevés dédaignent ce puéril orgueil; ils aiment au contraire ce qui a existé aux époques reculées, parce qu'ils ont l'ambition de vivre dans l'avenir. Voilà pourquoi nous sommes fiers de notre vieux *Lugdunum;* voilà pourquoi nous entourons de respect, dans nos musées, les inscriptions et les débris lapidaires qui nous rappellent la cité gallo-romaine. Ceux qui l'habitaient sont nos pères, nous sommes leurs descendants. N'en rougissons pas, car nous leur devons la célébrité. La religion de l'antiquité, la majesté des souvenirs, voilà notre impérissable gloire. Ce qui n'est que d'hier inspire peu de vénération. C'est l'histoire qui fait la grandeur. En un mot, pour être illustre dans le présent, il faut avoir des titres de noblesse dans le passé.

III

L'ÉGYPTE

En abordant l'Égypte, dans le xve chapitre de son XXIIe livre, Ammien Marcellin avertit qu'il ne fait qu'abréger la notion qu'il en avait déjà donnée en racontant les règnes d'Hadrien et de Sévère. Cet aveu doit augmenter nos regrets de la perte des treize premiers livres de son histoire ; car il avait vu de ses yeux, dit-il, bien des choses parmi celles qu'il a écrites : *visa pleraque narrantes*. Néanmoins cet abrégé, si raccourci qu'il soit, contient des détails géographiques dignes d'être mis en lumière.

Selon lui, la nation égyptienne le dispute aux Scythes en antiquité. Ammien ne dit pourtant pas si ce peuple du Nord l'emporte en ce point sur les descendants de Cham, comme le fait Justin, qui tranche hardiment la question en faveur des Scythes : *Scythorum gens antiquissima semper habita; quanquam inter Scythas et Egyptios diu contentio de generis vetustate fuit*[1]. Viennent ensuite les limites de l'Égypte : ce sont celles

[1] Lib. II, c. IX.

qui marquaient l'étendue de la monarchie des Pharaons. Mais notre historien se trompe quand il désigne pour les bornes de l'Égypte, au midi, les promontoires Physcus[1] et Borion, le grand désert et les Garamantes; c'est au couchant qu'il faut lire. Peut-être n'y a-t-il ici qu'une erreur de copiste. Les bornes de l'Égypte, au midi, sont la ville d'Éléphantine, l'île de Méroé et l'Éthiopie. Du côté du levant, elle longe la mer Rouge et les Arabes scénites qui portent déjà le nom de Sarasins, *quos Saracenos nunc adpellamus*. Au nord, elle est baignée par la mer *Isiaque*, que quelques-uns nomment *Parthénienne*, et qui correspond à la partie de la mer Méditerranée où est située l'île de Chypre. Enfin elle confine au commencement de l'Asie. En cela, notre historien s'éloigne de Pomponius Méla, qui appelle l'Égypte la première partie de l'Asie, *Asiæ prima pars Egyptus*[2]. Mais les anciens différaient entre eux sur la grande fraction du monde à laquelle appartenait le pays des Pharaons. Il faut convenir, du reste, qu'il règne ici un peu de confusion dans les données d'Ammien Marcellin.

Après cet exposé des limites de l'Égypte, notre historien déclare, *pauca perstringi conveniet*, qu'il doit dire un mot du Nil, que le poète Homère identifiait avec le pays qu'il arrose en l'appelant *Egyptus*. Ce qu'Ammien Marcellin avance au sujet de ce fleuve célèbre, paraît étrange : « Les sources du Nil, dit-il, si l'on en juge par ce que l'on en a appris jusqu'à ce jour, seront ignorées des âges futurs. Des fables que les poètes ont débitées, et des conjectures que les géographes ont bâties à l'endroit de ce fleuve, sont nées des opinions contradictoires »[3]. Puis il ajoute : « Nous nous proposons de faire connaître celles qui nous paraissent les plus voisines de la vérité. » Une telle assertion mérite d'être examinée.

[1] Cap. Rasat.

[2] Lib. I, c. IX.

[3] Origines fontium Nili, ut quidem mihi videri solet, sicut adhuc factum est, posteræ quoque ignorabunt gentes. Verum quoniam fabulantes poetæ, variantesque geographi in diversa latentem notitiam scindunt; opiniones eorum veritati confines (ut arbitror) expediam paucis.)

Nous savons que les siècles anciens, comme l'ont fait les siècles postérieurs, s'étaient passionnés pour la découverte des sources du Nil. Ce grand fleuve, arrivant tout à coup de régions inconnues dans la terre des Pharaons, pour la féconder et en devenir la Providence, attira de bonne heure l'attention des hommes. Les savants s'en préoccupèrent comme d'un sujet de curiosité, le vulgaire le regarda comme un phénomène mystérieux; ceux-ci y virent un problème à résoudre, ceux-là un secret divin à adorer. Dans son langage figuré, Homère disait : « Le Nil vient des cieux[1] ». En cela, le grand poète ne faisait que répondre à l'opinion populaire que le Nil était un dieu caché qui, sous la forme d'un fleuve, répandait la vie dans l'Égypte. De là, pour des motifs divers, cette continuité d'efforts pour arriver à découvrir l'origine du grand fleuve égyptien. Serait-il vrai que tous ces efforts aient été vains[2]? Serait-il vrai, ainsi que le dit Ammien Marcellin, que l'antiquité ait ignoré les sources du Nil?

Les géographes modernes (je ne dis pas les géographes récents), privés de connaissances positives sur l'intérieur de l'Afrique, n'ont point assez pris en considération ce que les anciens avaient écrit sur le cours du Nil. Dans l'impossibilité de contrôler des renseignements incomplets et vagues, ils n'en ont tiré aucune lumière. Peut-être sera-t-il intéressant de revenir sur ces renseignements, quelle que soit leur nature, de les confronter, de les discuter. Peut-être arriverons-nous par là à nous rendre compte de la science des anciens sur ce problème séculaire. Mais avant de commencer cet examen, et pour l'éclairer tout d'abord, exposons le vrai cours du Nil, tel que nous le tenons de nos récents explorateurs.

Le Nil a son origine dans la partie de l'Afrique centrale qui se rapproche de l'océan Indien. Sa source est fournie par deux lacs : Le premier, à l'ouest, appelé, dans la langue du pays, Louta *N'zighé*, surnommé par les explorateurs *Albert Nyanza*, et situé entre le 1er et le 2e degré de latitude méridionale, et le

[1] Αἰγύπτοιο Διιπετέος ποταμοῖο. (Odyssée, IV. 477.)
[2] Strabon, lib. XVII, p. 543.

1er et le 3e degré de latitude septentrionale, mesurant une longueur de cent lieues ; le deuxième, à l'est, appelé Louta *Ukerewé*, surnommé *Victoria Nyanza*, et situé, à partir de la ligne équinoxiale, entre le 1er, le 2e et le 3e degré de latitude méridionale, mesurant une longueur de cinquante lieues, mais plus large que le premier. La branche du Nil qui sort du lac Ukerewé, après avoir parcouru une distance de deux degrés de longitude en suivant la direction du nord-ouest, vient joindre la pointe du lac *N'zighé*, à *Magungo* d'où le fleuve tout entier s'échappe dans la direction du nord, trente kilomètres avant le 3e degré de latitude; il reçoit ensuite plusieurs tributaires, dont l'*Esoua* est le plus considérable, et devient navigable à *Gondokoro*, un peu avant le 5e degré de latitude. Vers le 9e degré, il reçoit, sur sa rive droite, le *Bahr-el-Sobat*, rivière de premier ordre, et sur sa rive gauche, le *Bahr-el-Gazal*, avec lequel il forme un vaste marais appelé le lac de *Nô*.

A partir de cette importante jonction, le Nil, pendant l'espace de six degrés de latitude, ne reçoit aucun affluent de quelque valeur. Ce n'est qu'en approchant du 16e degré de latitude, à Khartoum, que le *Bahr-el-Asreck* ou Nil Bleu, l'ancien *Astapus*, lui apporte le tribut de ses eaux. Grossi par cet immense affluent, le fleuve qui jusque-là s'est appelé Nil Blanc ou *Bahr-el-Abiad*, quitte ce nom et prend définitivement celui de Nil. Il arrose ensuite la Nubie supérieure, forme la célèbre île de Méroé de concert avec l'*Atbara*, l'ancien *Astaboras*, qui est son dernier tributaire. Désormais, se suffisant à lui-même, il achève son cours jusqu'à la Méditerranée. Voilà ce que nous autres modernes savons de l'origine et du cours du Nil. Voyons maintenant ce que les anciens en avaient appris. Nous ne parlerons pas des Égyptiens. On dit bien que Sésostris reconnut l'Éthiopie et poussa même jusqu'au pays des aromates. Mais cette expédition, quoique Strabon assure qu'il en restât des monuments commémoratifs, nous semble trop perdue dans la nuit des temps pour qu'on doive en tenir compte comme d'un fait avéré [1]. Commençons par les Romains.

[1] Strabon, lib. XVII, p. 143.

Éloignés de l'Égypte et distraits par la conquête du monde, les Romains ne commencèrent à se préoccuper du Nil que lorsque le succès de leurs armes les amena sur ses bords. Le premier d'entre eux qui ait manifesté de la curiosité à ce sujet est César. Le poète Lucain, dans sa *Pharsale*, prête au dictateur cette singulière aspiration : « Il n'est rien que je désire avec plus d'ardeur connaître que les commencements de ce fleuve qui cache son origine depuis tant de siècles ; si j'avais l'espoir certain de contempler les sources du Nil, je renoncerais à la guerre civile [1]. »

Si César, un si grand esprit, en était aux regrets de ne pas connaître les sources du Nil, il y en a bien d'autres qui les ignoraient, et ce n'étaient pas les savants d'alors qui pouvaient les leur apprendre. Nous allons en juger par l'état de la science sur ce point, cent ans après César. Pline l'Ancien, le grand naturaliste romain, florissait vers la fin du premier siècle de notre ère. Or, écoutons ce qu'il va nous dire : « Le Nil jaillit de sources inconnues et court à travers des solitudes brûlantes où il se déroule en longs et immenses replis ». Puis il ajoute aussitôt : « Le fleuve égyptien sort d'une montagne dans la basse Mauritanie, non loin de l'Océan, près d'un lac marécageux qu'on appelle *Nilide* et qu'il traverse. Indigné, au sortir de ce lac, de couler sur des plaines de sable, il se dérobe pendant plusieurs journées de chemin. Bientôt il reparaît dans la Mauritanie césarienne, chez les *Massésyles*, et s'élance d'un lac plus considérable ; puis il se cache de nouveau sous les sables pendant vingt journées de marche, jusqu'à ce qu'il atteigne la plus voisine des deux Éthiopies. Là, sentant qu'habitent des hommes, il jaillit (ce qui est vraisemblable) de la source que l'on nomme *Nigris*, sert de limite entre l'Afrique et l'Éthiopie, et coupe en deux l'Éthiopie, sous le nom d'*Astapus* [2]. »

[1] Nihil est quod noscere malim,
Quam fluvii causas per secula tanta latentis
Ignotumque caput; spes sit mihi certa videndi
Niliacos fontes, bellum civile relinquam. (Lib. X.)

[2] Lib. V, c. IX.

A son tour, Pomponius Méla donne une description non moins élégante et non moins obscure : « Sur les confins des Espériens, dit-il, est un lac qu'on peut regarder comme étant la source du Nil. Les habitants du pays l'appellent *Nuchul*, nom qui est peut-être le même que celui du fleuve, mais altéré et corrompu dans la langue de ces barbares. Il se dirige ensuite vers l'orient en passant par des gorges impénétrables où il se perd. Et c'est parce qu'il reste longtemps caché, que le *Nuchul* paraît finir dans un endroit et le Nil commencer dans un autre »[1]. Ailleurs le géographe complète sa notion par les données suivantes : « Le Nil, sorti des déserts de l'Afrique, n'est d'abord ni propre à la navigation ni connu sous le nom de Nil. Après avoir longtemps coulé dans un même lit avec rapidité, il arrive en Ethiopie et s'y partage en deux branches dont l'une, sous le nom d'*Astaboras*, l'autre, sous celui d'*Astapus*, forment ensemble l'île de Méroé. Ces deux branches s'étant rejointes, le Nil commence à porter son nom »[2]. Solin Polyhistor répète, en l'abrégeant, la description de Pline[3].

Le Nil de Pline et le Nil de Pomponius Méla ont entre eux quelques points de ressemblance, mais ils diffèrent notablement l'un de l'autre. On peut bien admettre que les deux Nils sortent du même lieu, car la Mauritanie et l'Hespérie désignent le même pays ; le premier est le nom propre, le second le nom de l'exposition. Mais qui affirmera que le *Nuchul* de Pomponius Méla est le *Nilide* de Pline ? Chez les deux géographes, le fleuve, en quittant le lac, se dirige vers l'orient ; chez tous les deux, il reste longtemps perdu sous terre. Mais Pline note deux pertes différentes, et Pomponius Méla ne parle que d'une seule. De plus, Pline mentionne un second lac qui ne pourrait être que le *Lybia Palus*, aujourd'hui le lac *Tchad*, tandis que, dans Pomponius Méla, il n'est question que du *Nuchul*. Les deux géographes font arriver le Nil dans l'Éthiopie. Mais là, Pline le change

1 Lib. III, c. IX.
2 Id., lib. I, c. IX.
3 C. XLI.

en *Astapus*, tandis que Pomponius Mèla le partage entre l'*Astapus* et l'*Astaboras*, pour le refaire avec ces deux branches réunies, après l'île de Méroë.

Il serait difficile de dire lequel, de Pomponius Méla ou de Pline, avance plus d'erreurs. Ce qui ressort clairement de leurs données, c'est que les deux géographes confondent le Nil avec le Niger, et qu'ils n'ont nullement puisé leur description à des mémoires rédigés d'après une sérieuse exploration de l'Afrique centrale. Quand les invraisemblances de leur Nil mystérieux ne le prouveraient pas abondamment, on n'en saurait douter en lisant les contes de bonne femme dont ils décorent la partie ethnographique de leur notice.

Ainsi Pline parlant des peuples divers qui habitent le milieu de l'Afrique, nous dit sérieusement que les Égipans sont demi-animaux ; que les Atlantes sont une espèce inférieure à l'homme; que les Troglodytes ne se nourrissent que de chair de serpent; que leur voix est un sifflement aigu; qu'ils ne connaissent point les mutuels bienfaits du langage; en d'autres termes, qu'ils ne parlent pas; que les Garamantes, étrangers au mariage, s'accouplent au hasard; que les Blemmyes n'ont point de têtes; que leurs yeux, leur bouche, sont collés sur la poitrine; que les satyres n'ont rien de l'homme que la figure; que les Himantopodes ont pour jambes des espèces de lanières sur lesquelles ils se traînent en rampant[1].

Pomponius Méla est, non moins que Pline, fécond en détails ridicules : c'est lui qui raconte que l'on trouve des peuples muets, qui ne peuvent se faire entendre que par signes; que les uns ont une langue et ne peuvent articuler aucun son; que les autres sont entièrement privés de cet organe; que d'autres, dont les lèvres sont adhérentes, n'ont sous les narines qu'un petit trou par lequel on dit qu'ils boivent, à l'aide d'un chalumeau, et qu'ils aspirent, une à une, les graines qu'ils rencontrent çà et là sur leur territoire[2].

[1] Lib. V, c. VIII.
[2] Lib. III, c. IX.

Quels auteurs ont pu fournir aux deux célèbres géographes les étranges histoires qu'ils débitent, tant sur le cours du Nil que sur l'ethnographie de l'Afrique? Il ne sera pas sans intérêt de s'en rendre compte. Pline et Pomponius Méla citent tous deux le Carthaginois Hannon, marin habile, qui reçut du gouvernement de sa république, l'ordre de naviguer au delà des colonnes d'Hercule, et d'y fonder autant qu'il pourrait des colonies libyphéniciennes. A quelle date faut-il attribuer le périple de cet amiral? Gosselin[1] le place à l'époque voisine d'Hésiode, c'est-à-dire mille avant Jésus-Christ. D'autres savants le fixent à une époque beaucoup plus rapprochée de notre ère. Mais rien de certain à cet égard, si ce n'est que le périple est ancien. Le même Gosselin suppose, avec assez de probabilité, que le journal d'Hannon, tel qu'il nous est parvenu, n'est qu'un abrégé des mémoires de ce navigateur, ou un rapport dans lequel on rend compte de l'expédition dont il avait été chargé par le sénat de Carthage[2]. Il ajoute qu'il semblerait que l'antiquité avait connu différents extraits de ces mémoires, que des fables y avaient été introduites, notamment par Xénophon de Lampsaque, et que c'est dans ces interpolations frauduleuses que Pline aura été chercher une partie des détails romanesques que nous avons cités[3]; ce que Pomponius Méla a pratiqué de son côté, car il est aisé de constater qu'il a fait à ces mémoires de larges emprunts dans ce qu'il écrit sur l'Afrique.

Nous ne croyons pourtant point que Pline ait rien copié, dans le journal du Carthaginois, de ce qu'il dit du Nil. Il avoue lui-même qu'il le tient du roi Juba[4]. Ce personnage mérite d'être connu. Il était fils d'un autre Juba, roi de la Mauritanie et de la Numidie, lequel, ayant eu la malencontreuse idée de suivre le parti de Pompée, fut vaincu par César, et ne voulut pas survivre à sa défaite. A défaut du père, le fils encore en bas âge

1 *Recherches sur la géographie systématique et positive des Anciens*, t. I, p. 133 et 139.

2 Gosselin, ibidem.

3 Voir Pline, lib. V, c. I.

4 « Ut Juba potuit exquirere, » lib. V, c. x.

servit à orner le triomphe du vainqueur. Puis, par un singulier revirement de fortune, l'enfant plut à Auguste qui l'accueillit à sa cour, lui donna pour femme une fille de la fameuse Cléopâtre, et lui restitua le royaume des deux Mauritanies. Devenu vassal de l'empire, et n'ayant ni l'occasion ni le goût de tenter le sort de la guerre, Juba occupa les loisirs de la paix en se livrant à l'étude. Joignant ainsi le sceptre de la science à celui de la royauté, il employa ses trésors et ses vaisseaux à explorer les côtes de l'Afrique, et s'acquit une grande renommée, comme auteur, en écrivant des ouvrages estimés, parmi lesquels figuraient des *recherches sur le cours du Nil*. Ammien Marcellin et Solin Polyhistor disent formellement que les renseignements de Juba dans cet ouvrage, étaient tirés de mémoires puniques[1]. Quels étaient ces mémoires? il serait difficile de le dire aujourd'hui. Il y a longtemps que les œuvres du monarque mauritain ont péri, et nous ne les connaissons que par les extraits que nous en a conservés Pline l'Ancien. Pomponius semble les avoir complètement ignorés, car il ne leur fait aucun emprunt; mais il cite, en revanche Eudoxe de Cyzique, un aventurier, s'il en fut jamais, et, à coup sûr, le plus intrépide conteur de l'antiquité Nous aurons l'occasion de revenir sur ce voyageur qui en a imposé à plus d'un écrivain.

Eudoxe de Cyzique, il faut le croire, n'a pas été le seul à faire des récits fantastiques sur l'intérieur de l'Afrique. Dans l'antiquité comme aujourd'hui, ce n'était pas chose facile de voyager à travers ce continent, de percer ses déserts immenses et sans eau, d'affronter l'éclat dévorant de son soleil, de braver ses fièvres meurtrières, d'aborder ses barbares populations. Les rares aventuriers qui osaient s'y hasarder n'allaient pas fort avant, selon toute probabilité, et se dégoûtaient vite. Mais, comme il fallait qu'ils rapportassent quelque chose, ils acceptaient ce qu'on voulait bien leur dire, y ajoutaient leurs propres inventions, sûrs de n'être contredits par personne, et fabriquaient là-dessus leurs mémoires.

[1] Solin, p. 41 et Ammien. c. xv.

Les erreurs de Pline l'Ancien et de Pomponius Méla, à l'égard du Nil, ne sont même pas assez sérieuses pour être réfutées. Après les avoir citées, nous serions en droit d'affirmer que les Romains n'ont eu aucune idée raisonnable sur le sujet qui nous occupe, si le philosophe Sénèque, au livre VIe de ses *Questions naturelles*[1], ne nous avait conservé le souvenir d'une expédition envoyée par Néron à la découverte des sources du Nil. La brièveté du passage nous permet de le transcrire en entier, le voici :

« J'ai entendu dire à deux centurions que Néron, aussi ami de la vérité que de tout ce qui est beau, avait envoyé à la découverte de la source du Nil; que, après une longue route, accomplie avec l'aide des secours du roi d'Éthiopie, et des recommandations qu'il leur avait données pour les princes voisins, ils avaient pénétré dans des pays inconnus. Nous arrivâmes, disaient-ils, à d'immenses marais, dont les indigènes ne connaissent pas et désespèrent de connaître les limites. Les eaux bourbeuses y sont tellement embarrassées par les roseaux, qu'il est impossible de les traverser à pied ou en bateau. Là, nous avons vu deux rochers d'où s'épanchaient d'énormes nappes d'eau. »

Si sommaire que soit ce témoignage, il est très curieux, et les récentes explorations lui donnent une incontestable valeur. Voilà donc une véritable expédition, organisée dans le but déterminé de résoudre le problème dont on cherche la solution. Cette expédition, selon toutes les probabilités, commence par le côté naturel, c'est-à-dire, par les embouchures du Nil. De là, on remonte le fleuve jusqu'en Ethiopie. Les limites de ce pays sont dépassées, dit le texte, *ad ulteriora*, et l'on atteint finalement à peu près l'origine d'un grand cours d'eau. Mais ici se montre l'incertitude. Quel est le fleuve dont les centurions ont remonté le courant jusqu'à un grand lac ou marécage? Est-ce le Nil Blanc, le *Bahr-el-Abiad?* il serait difficile de le dire. S'ils ont remonté le Nil Blanc, ils ont dû trouver effectivement, au point où le

[1] Sénèque, *Quæst. natur.*, c. VI.

Bahr-el-Gazal et le Bahr-el-Sobat se déversent dans le Nil, le lac *Nô*, grand marais bourbeux, embarrassé de roseaux, et sans rives, surtout dans la saison des pluies, qui répond aux *immensas paludes* de Sénèque. Mais les deux rochers et la cataracte qui en descend, où les trouver dans cette basse et plate région? On peut alors supposer que les centurions sont parvenus jusqu'à l'*Albert Nyanza*, où ils auront vu la belle cascade de *Murchisson*. Mais dans cette hypothèse, que devient le lac *Nô?* Pourquoi n'est-il pas désigné? Puis, quel rapport y a-t-il entre le lac *Albert*, aux rives correctes et définies, et la description du lac bourbeux de Sénèque?

Maintenant, si les centurions ont remonté le Nil Bleu, ils ont dû rencontrer, après une course, qu'on peut appeler *longum iter*, le lac *Dombea*. Le caractère de cette nappe d'eau est de présenter un certain nombre de petites îles qui semblent l'encombrer, ce qui répond aux données de Sénèque. Puis, à côté se trouve la magnifique cataracte d'*Alata* qui vérifie les rochers d'où s'échappent les énormes masses d'eau qui frappèrent les yeux des officiers romains. Écoutons le père Paez, le premier des modernes qui ait exploré la source du *Bahr-el-Asreck :* « En sortant de ce lac (*Dombea*), le Nil fait plusieurs tours et détours, et, allant au midi, il arrose le pays d'*Alaba*. Environ à cinq lieues du lac, il tombe de quatorze brasses de haut, avec tant de violence que, de loin, on dirait que toute l'eau s'en va en écume et en fumée[1] ».

Le récit des centurions est si court et si vague qu'on peut le commenter de diverses manières, sans blesser la vraisemblance. Mais, s'il est permis d'opter pour une hypothèse, nous n'hésiterons pas à nous ranger du côté de celle qui suppose que l'expédition néronienne a exploré le cours et l'origine de l'Astapus ou du Nil Blanc. Quand on songe que, il y a encore si peu de temps, le Bar-el-Asreck, sortant du lac *Dombea*, était pour nous le vrai Nil, il faut avouer que le résultat obtenu par les centurions leur fait honneur. Seulement, il ne paraît pas que cette découverte ait jeté aucune lumière dans la science géographi-

[1] *Relations historiques de l'Abyssinie*, par le P. Lobo, p. 211.

que des Romains. Cependant Pline en a eu connaissance, car il dit que Néron envoya des prétoriens avec un tribun pour explorer le pays. Ce qu'il ajoute prouverait que les officiers avaient redigé un récit de leur voyage, récit dont le géographe cite des particularités notables, comme celles-ci : « Que de Syène jusqu'à Méroé, il y a 873 milles ou 1,319 kil. 976 m., qu'à l'île de *Gagaude*, les envoyés virent les premiers perroquets; qu'à *Tergède*, commencèrent les cynocéphales, et à une île nommée *Artigule*, les *Sphingies;* enfin, qu'à Méroé, l'herbe devint plus verte; qu'on vit quelques bois, des traces de rhinocéros et d'éléphants. Toutefois, à ces observations instructives, la relation joignait aussi des fables pareilles à celles que nous avons déjà signalées, et dont Pline enrichit de nouveau sa description. Mais il ne dit pas un mot ni du lac ni de la cataracte indiqués par les centurions dans le fragment de Sénèque[1] ».

Si des Romains nous passons aux Grecs, nous trouvons, chez ces derniers, sur l'origine du Nil, des opinions appartenant à des dates beaucoup plus anciennes. De bonne heure le désir de résoudre les grands problèmes du fleuve égyptien s'était emparé de ce peuple investigateur. Rien en cela d'étonnant, la Grèce avait admis la colonie égyptienne de Cécrops, dans la plus civilisée de ses contrées, l'Attique, où, avec la tradition de la patrie primitive, avait dû se conserver le souvenir de sa poétique nature et de ses merveilleux phénomènes. Aussi, les plus vieux historiens grecs, Hellanicus, Cadmus, Hécatée, ont-ils traité, dans leurs ouvrages, de ce qui concerne les sources et les crues du Nil. Les écrits de ces auteurs ne sont pas arrivés jusqu'à nous. Mais, si l'on s'en rapporte au jugement de Diodore de Sicile, nous aurions peu à regretter ce qu'ils ont dit sur le sujet qui nous occupe, parce que leurs conjectures étaient pleines de fables[2]. Hérodote vint après eux, de 484 à 425 avant notre ère et imita leur studieuse curiosité. Heureusement le temps a respecté son œuvre.

Avant d'écrire son Histoire, un des plus beaux monuments de

[1] Plin., lib. VI, c. XXXV.
[2] Diod. Sicul., lib. I, p. 23.

l'antiquité, Hérodote voulut visiter la plupart des régions du monde civilisé, pour se renseigner. Pendant son séjour en Égypte, un de ses soins fut de s'enquérir des sources du Nil. Tous lui répondirent que personne ne les connaissait, tous, excepté pourtant le hiérogramateur ou interprète des hiéroglyphes de Minerve de Saïs, lequel étonna notre historien, en l'assurant qu'il en avait une notion certaine. Or, la science de l'Égyptien, sur ce point, consistait à dire que, dans la Thébaïde, entre Syène et Éléphantine, se trouvaient deux montagnes dont le sommet se terminait en pointe; que l'une des montagnes s'appelait *Crophi*, l'autre *Mophi*, et que les sources du Nil, qui sont de profonds abîmes, sortaient du milieu de ces montagnes.

Hérodote confesse qu'il ne crut pas un mot de cette singulière révélation. Il eut toutefois la curiosité de pousser ses recherches jusqu'à Éléphantine, où il ne vit rien, il est vrai, de ce qu'avait raconté l'hiérogramateur, mais où il put recueillir quelques renseignements sur le cours du Nil au delà de l'Égypte, sur la ville de Méroé, le pays des *Automoles* ou *Asmach*, qui ne pouvaient être que les habitants de l'*Azanie*, située sous l'équateur. Il faut, dit-il, quatre mois pour se rendre d'Éléphantine au pays des *Automoles*. Hérodote croit que le Nil vient de l'ouest, mais il ne peut rien affirmer sur ce qu'il est au pays des *Automoles*. Cet historien donne encore une autre version; il dit que les Cyrénéens lui apprirent que le Nil venait de la Libye et coupait en deux cette vaste région [1].

Nous abrégeons ces données contradictoires qui ne figurent dans Hérodote qu'à titre d'hypothèses, auxquelles le grand historien ajoutait peu de foi, et qui ne prouvent qu'une seule chose, savoir, que tout ce qui concernait le fleuve égyptien tenait en éveil la curiosité des savants.

Plus tard, Éphore et Théopompe, deux auteurs également disparus, exercèrent leurs conjectures sur ce sujet. Mais Diodore de Sicile, qui signale ce point de leurs recherches, déclare que ces nouveaux efforts n'aboutirent à aucun résultat satisfaisant [2].

[1] Hérodote, Euterpe, lib. II, cc. XXVII, XXVIII, XXIX, XXXII.
[2] Diodore, ibidem.

L'an 525 avant Jésus-Christ, Cambyse fit la conquête de l'Égypte, et rangea cette contrée sous la domination des Perses. On a dit que ce prince devenu maître du domaine des Pharaons, voulut explorer le cours du Nil et en connaître la source. Il est possible que le fils de Cyrus, qui avait quelques grandes idées, à travers beaucoup d'extravagances, ait conçu un tel projet. Toutefois, l'histoire ne dit nulle part qu'une expédition ait été organisée par lui dans ce but. Il franchit, il est vrai, les limites de l'Égypte, entreprit contre l'Éthiopie une expéditon où périt la moitié de son armée, mais l'histoire ne le conduit pas au delà de Méroé [1].

Deux siècles environ après Cambyse, Alexandre le Grand, qui ambitionnait tous les genres de gloire, fut, dit-on, pris à son tour de l'envie de savoir d'où venait le Nil. Parmi les questions adressées à Jupiter Ammon, il y en avait une qui se rapportait à ce secret. Il n'est dit nulle part que la vanité du conquérant ait été satisfaite sur ce point. La question elle-même n'est pas certaine, attendu que ni Arrien, ni Quinte Curce, ni Diodore de Sicile ne la relatent, et qu'elle n'est mentionnée que par Maxime de Tyr, un sophiste du IVe siècle de notre ère, ce qui est un peu tard [2]. Au surplus, s'il a existé une réponse et qu'elle ait donné lieu à la bévue géographique qu'on reproche à Alexandre, elle ferait peu d'honneur à la science du pontife d'Ammon. On raconte en effet que ce prince, arrivant dans l'Inde sur l'*Hydaspe*, crut voir dans cet affluent de l'Acésinès, qui l'est à son tour de l'Indus, le fleuve égyptien, et s'applaudit un instant d'avoir trouvé la solution du problème. Ce trait d'ignorance, à peine croyable de la part du dernier soldat de l'armée, nous est attesté par Arrien et Strabon [3], qui l'avaient sans doute emprunté aux Mémoires de Ptolémée et d'Aristobule, ou peut-être à ceux d'Onésicrite. Ils auraient mieux fait de l'y laisser. Tout ce qu'on peut conclure de ces faits, c'est qu'Alexandre avait pu songer, en passant, à l'exploration du Nil, mais

[1] Voir Hérodote. — Strabon, lib. XVII.
[2] Voir Sainte-Croix, examen des historiens d'Alexandre.
[3] Strabon, lib. XV. — Arrian, lib. VI. c. 1.

que les travaux incessants de sa courte et brillante carrière l'empêchèrent de réaliser son projet.

Ainsi, postérieurement à Alexandre, comme avant lui, les auteurs qui ont parlé des sources du fleuve égyptien n'ont débité que des fables. « Ce n'est pas, fait observer Diodore de Sicile, que ces auteurs manquassent d'étude et même de documents, mais c'est qu'ils ignoraient les lieux ; car, poursuit Diodore, ce n'est un secret pour personne que, jusqu'à Ptolémée Philadelphe, aucun Grec, bien loin d'avoir pénétré en Éthiopie, ne connaissait les limites de l'Égypte » ; et il ajoute qu'à l'époque où il faisait son histoire, il ne savait aucun auteur qui eût écrit que quelqu'un avait vu de ses yeux les sources du Nil[1]. Ce qui l'autorise à dire avec une assurance voisine du défi : « Le Nil coule du midi au septentrion, venant de sources inexplorées situées à l'extrémité de l'Ethiopie où la nudité du désert et les ardeurs du soleil empêchent d'aborder[2]. »

Toutefois, malgré une affirmation aussi absolue, et malgré la nudité du désert et les ardeurs de la zone torride, il est permis de présumer que, pendant la période qui s'écoula entre le règne de Ptolémée Lagus et la conquête romaine, il y eut des explorations tentées dont l'effet fut de procurer, sur l'origine et le cours du Nil, des données moins hypothétiques que celles des prêtres égyptiens ; et nous nous croyons autorisé à émettre cette présomption par un passage de Diodore de Sicile même, où il est dit que Ptolémée Philadelphe, le prince, sans contredit, le plus libéral de la monarchie gréco-égyptienne, voulant se rendre compte de l'étendue de sa domination, partit à la tête d'une expédition grecque et reconnut le pays arrosé par le Nil jusqu'à l'Éthiopie. Si l'on en croit une inscription copiée par le moine Cosmas dans la ville troglodyte d'*Adulis*, Ptolémée Évergètes, fils de Philadelphe, aurait poussé encore plus loin que son

[1] Τὰς δὲ πηγὰς τοῦ Νείλου καὶ τὸν τόπον ἐξ οὗ λάμβανει τὴν ἀρχὴν τοῦ ῥεύματος ἑωρακέναι μὲν μέχρι τῶνδε τῶν ἱστοριογράφων οὐδεὶς εἴρηκεν, οὐδὲ ἀκοὴν ἀπεφήνατο παρὰ τοῦ ἑωρακέναι διαβεβαιουμένων. (Lib. I, 24.)

[2] Ὁ γὰρ Νεῖλος φέρεται μὲν ἀπὸ μεσημβρίας ἐπὶ τὸν ἄρκτον τὰς πηγὰς ἔχων ἐκ τόπων ἀοράτων, οἳ κεῖνται ἐπὶ τῆς ἐσχάτης Αἰθιοπίας κατὰ τὸν ἔρημον, ἀπροσίτου τῆς χώρας οὔσης διὰ τὴν τοῦ καύματος ὑπερβολήν. (Lib. I. p. 19.)

père l'exploration de l'Éthiopie. Il se serait avancé jusqu'à la contrée du *Cinnamomum*, que Ptolémée place au-dessus des sources du Nil, entre la *Sobat* et l'*Astapus*[1].

Or, il est à croire que ces reconnaissances diverses, accomplies autant dans l'intérêt de la science que dans celui de la politique, durent éveiller le goût des voyages, et que des hommes entreprenants parmi ceux qui, à toutes les époques, se plaisent aux aventures, ne craignirent pas de pénétrer dans ces régions inconnues, d'où ils rapportèrent des renseignements, sinon authentiques, du moins nouveaux.

Et ce n'est point là une supposition gratuite, car nous pouvons citer un de ces voyageurs, Eudoxe de Cyzique, personnage très singulier dont il a déjà été question à propos de Pomponius Méla, et sur lequel nous avons promis de dire un dernier mot. Strabon[2] rapporte, d'après Possidonius, qu'un certain Eudoxe de Cyzique, venu aux jeux corinthiens pour les voir et chargé d'y faire des libations, se rendit en Égypte, sous le règne d'Évergètes II ; qu'il eut, avec le prince et ses ministres, des conférences touchant des projets d'exploration, et en particulier sur la navigation du Nil dans sa partie supérieure, que cet homme parlait avec enthousiasme des lieux qu'il avait visités, et qu'il n'était pas sans instruction[3]; enfin, qu'Évergètes l'employa. Si l'on en croit les témoignages, Eudoxe de Cyzique, pendant la plus grande partie de sa vie, fatigua la terre et la mer de ses courses aventureuses ; peu de contrées de l'ancien monde échappèrent à ses investigations ; il vit les Indes, fit le tour de l'Afrique, sillonna la Méditerranée, traversa l'Ethiopie. Ce voyageur intrépide laissa, sur ses nombreuses pérégrinations, des mémoires qui ne sont pas arrivés jusqu'à nous. Mais Pomponius Méla les connut par Cornélius Népos et Strabon par Possido-

[1] Lib. V, c. VIII.

[2] Ameilhon, *Hist. du commerce et de la navigation des Egyptiens sous le règne de Ptolémée*, p. 98. — Champollion-Figeac, *Annales des Lagides*, Introduction, ébranle un peu, sans la ruiner toutefois, l'autorité de ce monument.

[3] Lib. II, p. 67.

nius. Ce qu'il y a de remarquable, c'est que l'antiquité posséda de ces deux mémoires deux éditions parfaitement différentes l'une de l'autre. Celle où a puisé Pomponius Méla ne ressemble à celle dont Possidonius rend compte que par l'étrangeté des récits qui abondent dans les deux[1]. D'après ces relations, Eudoxe de Cyzique aurait eu des aventures auprès desquelles pâliraient celles de Mendez Pinto. Pomponius Méla semble ajouter foi à ce qu'il a lu dans Cornélius Népos; mais Strabon[2], qui analyse la relation de Possidonius, en réfute avec mépris les continuelles invraisemblances et montre que, si Eudoxe de Cyzique fut un grand voyageur, il a été encore un plus grand menteur. Il est très probable que Pomponius Méla aura trouvé dans Eudoxe ce qu'il raconte du Nil.

Sans doute, si les autres voyageurs eussent été de la trempe d'Eudoxe de Cyzique, les questions du fleuve égyptien n'auraient pas été merveilleusement éclairées par leurs récits ; mais il faut supposer que tous n'avaient pas l'imagination du protégé du roi Evergètes, et que quelques-uns d'entre eux ont dû rapporter, de leurs pérégrinations, des particularités moins indignes de la science. Par exemple Pline en cite cinq, savoir : Dalion, qui alla fort loin au delà de Méroé, Aristocréon, Bion, Basile, qui suivirent ses traces ainsi que Simonides le Jeune, qui fit à Méroé un séjour de cinq ans lorsqu'il écrivit sur l'Éthiopie. Ces voyageurs appartiennent tous à la période des Lagides. Ils laissèrent, comme on le voit, de leurs pérégrinations des récits que nous n'avons plus. Pline leur a fait divers emprunts où perce la fable sans doute, mais qui accusent des observations sérieuses et des données précises [3]. Et il faut bien que quelque chose de pareil eût été réalisé pour expliquer comment Strabon, venant sitôt après la fin de la monarchie gréco-égyptienne, ait pu trouver sous sa main ce document qu'on lit dans sa géographie : « Le Nil, des frontières de l'Éthiopie, coule droit au septentrion jusqu'au Delta », et un peu plus loin : « Il prend sa source dans les mon-

[1] Voir Gosselin.
[2] Lib. I. p. 67 et seq.
[3] Pline, lib. VI, c. xxxv.

tagnes de l'Éthiopie [1]. » Puis : « Le Nil est distant du golfe Arabique de 9,000 stades, et en approchant de son embouchure, il prend la forme d'un χ renversé. Après avoir coulé, dans la direction du nord, l'espace de deux mille sept cents stades depuis Méroë, il se retourne vers le couchant, l'espace de deux mille cinq cents stades, pour revenir du côté du nord. Dans son cours, il reçoit deux rivières produites par des lacs situés à l'orient et formant la grande île de Méroé. L'une de ces rivières s'appelle *Astaboras* et vient de l'orient ; l'autre porte le nom d'*Astapus;* quelques-uns lui donnent celui d'*Astosaba.* Cette dernière prend sa source à des lacs, et vient du midi. C'est le bras qui constitue, à proprement parler, le Nil et s'enfle par les pluies [2]. »

Ces documents, si différents de ce qui avait été débité jusque-là, Strabon nous apprend qu'il les a tirés d'Eratosthène de Cyrène, l'un des savants qui ont illustré l'école d'Alexandrie. Or ce qui est digne d'observation, c'est que ce docte Cyrénien florissait précisément après l'expédition de Ptolémée Philadelphe dont nous a parlé Diodore de Sicile. Quand on se trouve en face d'un homme comme Ératosthène, d'un père de la science, il faut prendre en grande considération ce qu'il dit; car, à coup sûr, Eratosthène n'avait emprunté ni aux fables des poètes, ni aux romans d'Eudoxe, ni aux légendes des prêtres égyptiens, ce qu'a cité de lui Strabon. Ératosthène n'y aurait trouvé rien de pareil. Il devait donc le tenir d'une autre source. Or nous n'hésitons pas à croire que la partie du cours du Nil, depuis Méroé jusqu'à son entrée en Égypte ne soit le relevé d'une véritable exploration; l'indication si précise des distances et des inflexions du fleuve le prouve assez. Quant à la partie supérieure à Méroé, elle a dû être fournie par les trafiquants qui, au sortir du golfe Arabique, s'engageaient au delà du détroit de Bab-el-Mandeb, pour y échanger les produits de l'industrie contre des aromates, de l'ivoire et des éléphants [3].

1 Strabon. Lib. XVII, p. 542 et seq.
2 Id., ibidem, *In capite libri*, XVII.
3 Id. ibidem, p. 543.

Dans cette description donnée par Strabon, le Nil vient du midi et sort d'un des massifs montagneux de l'Éthiopie, ce qui est vrai d'une certaine manière, puisque les lacs qui lui donnent naissance ne sont, à proprement parler, que le fond du bassin formé par le système orologique auquel on donnait anciennement le nom de monts de la Lune. Ensuite le Nil reçoit successivement l'*Astapus*, notre Nil Bleu, *Bar-el-Asreck* et l'*Astaboras* ou *Atbara*. Cette description assigne à l'*Astaboras* aussi bien qu'à l'*Astapus* une origine lacustrale. Ce qui n'est pas d'une égale exactitude pour les deux cours d'eau. Les explorations postérieures ne confirment pas que le Tacazé ou l'*Astaboras* sort d'un lac ou tout au moins d'une nappe d'eau qui mérite ce nom. Quant à l'*Astapus*, il est constaté, depuis longtemps, que, s'il traverse le lac Dombéa, la source de ce cours d'eau est indépendante du lac.

Ces erreurs prouvent que les auteurs d'Ératosthène, pour la partie supérieure du Nil, s'en étaient rapportés aux dires des habitants du pays, mais qu'ils n'avaient pas vu de leurs yeux ce qu'ils affirmaient. Le savant Alexandrin n'est pas non plus dans le vrai lorsque, comparant l'*Astapus* à l'*Astaboras*, il dit que le premier constitue proprement le Nil. L'*Astapus*, torrent rapide et impétueux, est bien un appoint considérable pour le Nil, puisqu'il ne tarit jamais, tandis que l'*Astaboras* reste à sec pendant la saison sèche[1]; mais le *Bahr-el-Abiad* roule dans son lit un volume d'eau plus important que celui du *Bar-el-Asreck*. En somme, la notion du Nil donnée par Strabon, d'après Eratosthène, est incomplète et fautive, mais elle est sensée et renferme quelque chose de la réalité. Ici, nous sommes loin de ce Nil fabuleux, sortant de la Mauritanie, traversant l'Afrique dans sa plus grande largeur, tantôt visible, tantôt caché sous terre et dont le sytème ne supporte presque en aucun point l'examen.

Il était réservé à Ptolémée de fournir sur le Nil ce que le monde ancien et moderne en a à peu près su, jusqu'au moment où les récentes explorations sont venues imposer silence aux

[1] Baker, le lac Albert.

conjectures et dissiper toutes les obscurités. Nous disons, ce que le monde ancien et moderne en a à peu près su, parce que les découvertes des religieux portugais, vers la fin du moyen âge, quoique très réelles, n'ayant point reçu alors la consécration de la science, étaient restées comme non avenues.

Ptolémée appartient à l'école d'Alexandrie et florissait à l'époque d'Adrien et de Marc-Aurèle, On peut appeler l'intervalle qui s'est écoulé entre Strabon et Ptolémée, la grande époque de la géographie ancienne. C'est celle où furent rédigés les fameux itinéraires dit d'Antonin. C'est dans cet intervalle qu'Élius Gallus pénétrait dans l'Arabie [1] ; que Suétonius Paulinus franchissait l'Atlas et portait les aigles romaines jusqu'au Niger; que Cornélius Balbus poussait ses conquètes jusqu'au pays des Garamantes, et, dans sa marche triomphale au Capitole, faisait passer sous les yeux des Romains les noms et les effigies de vingt peuples ou villes vaincues par ses armes[2]. C'est alors que Pline l'Ancien et Pomponius Méla écrivaient leurs descriptions de l'univers, et que Marin de Tyr inaugurait, dans la géographie, la science mathématique. L'œuvre de Marin de Tyr a péri dans le naufrage qui a englouti celles d'Ératosthène, d'Hipparque et de tant d'autres. Heureusement son système est demeuré comme incrusté dans Ptolémée, qui, tout en le critiquant, nous en a conservé la substance. Aujourd'hui, que l'on adore si exclusivement les merveilles du temps présent, il convient de remonter dans le passé. et de signaler au respect des esprits sérieux les hommes qui ouvrirent, dans le roc, le chemin qui nous a menés à la vérité. Ptolémée est le plus considérable comme le plus célèbre de ces hommes. Sans parler de son système cosmographique que nous connaissons tous, dont la science a si longtemps vécu et qui le cède à peine à celui de Copernic, nous lui devons du monde ancien la description la plus détaillée, la plus technique, la plus complète et la plus exacte.

En ce qui concerne la question présente, Ptolémée nous inté-

[1] Pline, lib. VI, c. XXXII.
[2] Id., lib. V, c. I et V.

resse, au plus haut degré, par sa description du Nil. C'est le point qu'il nous incombe de mettre en lumière. Au chapitre XVIIe de son premier livre, ce géographe s'exprime de la sorte : « Marin de Tyr place près de la mer les lacs d'où s'échappe le Nil, tandis qu'ils sont beaucoup plus avancés dans l'intérieur des terres. » Marin de Tyr vivait vers la fin du premier siècle. Ainsi donc, avant l'époque de l'empereur Hadrien, ce n'était plus déjà un secret que le grand fleuve égyptien tirait son origine de deux lacs. Les ténèbres étaient dissipées sur ce point. Voyons maintenant ce que le docte Alexandrin enseigne à cet égard lui-même, au chapitre VIIIe, du livre V^e de sa description du monde :

« Par le 61° 1/2 de long. et le 16° 1/3 de latitude nord, est située l'île de Méroë, formée par le fleuve du Nil, venant du couchant, et le fleuve *Astaboras*, venant de l'Orient.

Par le 61° degré de long. et le 12° de lat. nord, jonction du Nil et de l'*Astapus (Astapodis)*. Ensuite, par le 62° 1/2 de long. et le 11° 1/2 de lat. nord, jonction de l'*Astapus* et de l'*Astaboras*.

Puis, par le 60° de long. et le 2° de lat. nord, le Nil devient un seul fleuve par la jonction des deux courants fournis par deux lacs. Le lac occidental est situé sous le 57° degré de long. et le 6° de lat. australe. Le lac oriental est situé sous le 65° de long. et le 7° de lat. australe. Le lac d'où sort l'*Astapus* se nomme *Coloé*.

On ne peut rien imaginer de plus décharné que cette description ; la poésie et la prose en sont également absentes. Mais, en revanche, rien de plus net et de plus précis. Examinons-la, sous ses divers points de vue.

D'après Ptolémée, le Nil vient du fond de l'Ethiopie, c'est-à-dire, de la partie sud-est de l'Afrique centrale. Il sort de deux lacs. Les deux courants, par lesquels les deux lacs se déchargent du trop-plein de leurs eaux, forment, en se réunissant, le fleuve tout entier. Le lac d'où coule l'*Astapus* s'appelle *Coloé*. Voilà des faits topographiques dont les récentes explorations ont confirmé la vérité, et dont la découverte est à l'acquis des anciens. Mais il y a dans la notion de Ptolémée des lacunes et des erreurs qui en diminuent néanmoins l'importance.

1° La position du lac occidental *(N'zighé)* y est repoussée jusqu'au 6° de lat. australe, celle du lac occidental *(Ukerewé)* jusqu'au 7° de lat. australe, tandis que cette position doit être fixée dans la région même de la ligne équinoxiale.

2° Ni la longueur, ni la largeur, ni la configuration de ces lacs ne sont indiquées.

3° L'écartement entre ces lacs y est mesuré par 8 degrés de long. ; tandis que ces deux nappes d'eau ne sont distantes, en réalité, l'une de l'autre, que de la valeur d'un degré.

4° Les branches fournies par les deux lacs, suivant le calcul de Ptolémée, se réunissent vers le 2° de lat. nord; ce qui porte le point de jonction à près de 200 lieues de distance des lacs; tandis qu'en fait cette jonction s'effectue vers la pointe même du lac occidental d'où le Nil sort tout formé.

5° Le lac *Coloé* ou *Dombéa* semble indiqué comme étant la source immédiate de l'*Astapus*, tandis que ce tributaire du Nil traverse simplement ce lac.

6° Ptolomée veut que l'*Astaboras* se jette dans l'*Astapus*, tandis que ce cours d'eau se déverse directement dans le Nil.

7° Enfin, Ptolémée ne connaît que deux tributaires du Nil, savoir, l'*Astaboras* et l'*Astapus* ; il ne fait mention ni de l'*Esoua*, ni de *Yé*, ni du *Bahr-el-Gazal*, ni du *Bahr-el-Sobat*, qui, bien avant les premiers, grossissent ce fleuve.

Ces inexactitudes et ces lacunes, pour ne pas dire ces erreurs, ne permettent pas d'admettre que le géographe alexandrin ait rédigé sa description du Nil d'après les observations d'explorateurs ayant visité les lieux pour en relever la topographie. Il ne serait pas probable que des témoins oculaires et compétents des faits naturels eussent commis les oublis et les fautes qui déparent la notion de Ptolémée. Ici encore, force est d'en convenir, nous nous trouvons en face de récits de trafiquants entraînés par le commerce sur les côtes de Zanzibar, lesquels racontaient, à leur retour en Égypte, et ce qu'ils avaient vu en passant, et les dires des gens du pays ; ce dont auront profité les savants d'Alexandrie.

Ces trafiquants, de l'aveu de Ptolémée lui-même, étaient des Arabes qui, pour se dédommager de la stérilité de leur pays, se livraient au négoce. « Les marchands, dit-il, tout en critiquant les données de Marin de Tyr, qui viennent de l'Arabie Heureuse à *Aromata* et en Azanie, aussi bien que ceux qui naviguent jusqu'à Rapta, font foi que les lacs d'où coule le Nil ne sont point situés près de la mer, mais sont beaucoup plus avancés dans les terres[1] ». On doit à l'auteur du périple de la mer Érythrée une circonstance digne de remarque, qui est que tout le pays situé entre le cap Aromata et le promontoire de *Rapta*, appelé *Barbarie* par les anciens, est dans la dépendance de l'Arabie, et d'un de ses princes en particulier; et que les habitants de *Muza*, ville maritime de l'Arabie, tiennent en ce pays des facteurs pour y percevoir des droits [2].

Et non seulement les Arabes faisaient le commerce sur la côte de l'Océan oriental, mais ils s'en étaient encore assuré le monopole, grâce aux migrations qu'ils avaient effectuées au delà de la mer Rouge. En effet, dit M. Lenormand, « de bonne heure, un rameau considérable de la race de Kousch avait franchi la mer Rouge et s'était établi dans l'Éthiopie proprement dite, c'est-à-dire dans le pays de *Napata* et de Méroé, jusqu'alors habité par les nègres [3] ». Ce qui concorde avec ce que Pline dit, d'après le roi Juba, que les peuples qui bordent le Nil de Syène à Méroé ne sont point des Éthiopiens, mais des Arabes [4].

Ainsi en possession des deux bords de la mer Rouge, il était facile aux marchands de cette nation, en partant soit de *Muza*, soit d'*Adulis*, de descendre par l'Aromata et d'arriver jusqu'au promontoire de Rapta et de là à l'emporium de ce nom. Puis, les marchandises qu'ils rapportaient de ces régions lointaines, ils venaient les vendre en Égypte. C'avait été pour favoriser ce

[1] Lib. I, c. XVII.

[2] D'Anville, *Géographie ancienne* abrégée, t. III, p. 64.

[3] Lenormand, *Manuel d'histoire anc. de l'Orient*, t. III, lib. VII, p. 280.

[4] Pline, lib. VI, c. XXXIII.

négoce tout à l'avantage du royaume gréco-égyptien, que Ptolémée Philadelphe avait fondé la ville de Bérénice et achevé le canal qui unissait le Nil à la mer Rouge [1]. Toutefois, depuis Ptolémée Philadelphe, les Arabes n'étaient plus les seuls qui osaient aborder ces plages inconnues : les Grecs à leur tour s'y hasardaient, et Ptolémée, d'après Marin de Tyr, en cite trois : Diogènes, qui s'était avancé jusqu'aux fameux lacs, Théophile qui visitait *l'Azanie*, et Dioscore, qui était descendu de *Rapta* jusqu'au promontoire nommé *Prasum* [2]. Or il n'est pas douteux que ces trois personnages grecs aient été pour Marin de Tyr une source de renseignements, source qui avait dû fournir en même temps bien des inexactitudes, car ces hardis aventuriers, voyageant pour leurs affaires avant tout, ne devaient se préoccuper des intérêts de la science que d'une manière secondaire [3].

A l'appui de cette assertion, qu'on nous permette d'émettre une conjecture qui a un grand air de vraisemblance, si elle n'a celui de la vérité elle-même. Les récentes explorations fixent la réunion du *Bahr-el-Gazal* et du *Bahr-el-Sobat* avec le Nil, à peu près à la même distance des lacs que Ptolémée indique pour la réunion des deux branches du Nil. Or une pareille coïncidence nous paraît résulter de ce que, chez les auteurs de Ptolémée, le *Bahr-el-Gazal* et le *Bahr-el-Sobat* auront été pris pour les produits des deux lacs. Et ce qui corroborerait cette supposition, c'est que le Nil, par une inflexion au nord-ouest, après sa sortie des lacs, va lui-même chercher le *Bahr-el-Gazal*; puis, après avoir formé avec lui le marais de *Nó*,

[1] Voir Huet, *Histoire du commerce et de la navigation des anciens*, c. XLIX et L. — Ameilhon, *Hist. du commerce et de la navig. des Égyp., sous le règne des Ptolémées*, passim.

[2] Ptolomée, Lib. I, c. IX et XIII.

[3] Nous avions terminé cette étude, lorsqu'est venu entre nos mains le livre intitulé : *Doctrina Ptolomæi ab injuria recentiorum vindicata*. Nous connaissions l'existence de cette œuvre remarquable de notre éminent collègue, M. Berlioux, sans avoir pu la lire. Il serait superflu de louer ici un travail auquel le public savant a décerné sa place d'honneur. Ce qu'il importe de dire c'est que, dans les quelques points où les deux opuscules se sont touchés, nous avons l'inappréciable avantage de voir que nos opinions se sont confondues.

reprend la direction du nord-est, et semble plutôt être le *Bahr-el-Gazal* que le Nil, quand il reçoit le *Bahr-el-Sobat*.

Toutefois, nonobstant les erreurs de Ptolémée, il y a, dans sa description, assez de vérité pour qu'on puisse dire que les géographes grecs ont connu les sources du Nil. Comment donc expliquer l'affirmation que se permet Ammien Marcellin, quand il dit que les sources du Nil sont et seront toujours ignorées? peut-on supposer que cet historien n'a connu ni Marin de Tyr, ni Ptolémée, ni les livres où les géographes avaient puisé leurs documents? Cela est d'autant moins probable qu'il aimait les recherches géographiques, qu'il a rédigé son histoire à Rome, entouré de tous les trésors bibliographiques de l'antiquité, et qu'il écrit lui-même que le Nil sort de plusieurs lacs ou marécages, selon le dit-on : *propellitur a paludibus, ut dictum est.*

Disons mieux : en dépit des documents recueillis et publiés presque au temps d'Ammien Marcellin, on ne croyait pas plus à la découverte des sources du Nil qu'on n'y a cru au XVIIe siècle, alors qu'on prenait la source de l'Astapus pour celle du vrai Nil, pas plus qu'on n'y a cru, au siècle voisin du nôtre où, sans tenir compte de l'autorité de Ptolémée, et malgré les renseignements fournis par les religieux portugais, les maîtres de la science géographique anéantissaient les travaux de leurs devanciers, et faisaient une carte blanche de toute la partie de l'Afrique équatoriale. Il fallait que l'origine du Nil fût toujours une énigme, parce qu'elle en avait été longtemps une. Il est des préjugés que la lumière ne suffit pas à dissiper, et qui rabaissent parfois les plus grands savants au niveau des esprits vulgaires.

Un autre problème du Nil, dont l'inconnu s'ajoute à l'inconnu de son origine, c'est la crue périodique de ce fleuve qui, d'un aride désert comme le serait forcément l'Égypte, en a fait le pays le plus fertile du monde. L'antiquité étudia longtemps ce problème sans parvenir à le résoudre, et cela se conçoit. Il aurait fallu connaître le climat du pays d'où sortaient le Nil et ses principaux affluents, et l'antiquité n'avait aucune idée de ce pays. Or, dans l'ignorance où était l'antiquité des phénomènes météorologiques qui règnent dans la partie équatoriale de l'Afrique, celle-ci se livrait à des conjectures fantaisistes qui nous font sourire aujourd'hui. Hérodote en mentionne trois dont il se moque, et qu'il remplace par une autre à lui, moins ridicule peut-être, mais tout aussi fausse, et qu'il serait superflu de citer[1].

Il faut franchir les siècles et arriver à Strabon, pour trouver quelque chose de sensé à cet égard. Ce grand géographe, éclairé des lumières recueillies sur l'Éthiopie par Ératosthène et les autres savants alexandrins, dit que le Nil croît précisément après la saison des pluies qui arrosent en abondance l'Éthiopie, principalement la région montagneuse, et enflent progressivement tous les tributaires du fleuve[2]. Aujourd'hui même, nous ne connaissons pas d'autre cause de ce phénomène.

A l'exemple d'Hérodote, Ammien Marcellin rejette, avec raison, les hypothèses des anciens. Mais ce qui est impardonnable, c'est qu'il ne signale l'opinion de Strabon que pour la réfuter. Selon lui, les pluies de l'Éthiopie ne sauraient être la cause de l'accroissement périodique du Nil, attendu qu'il ne pleut presque jamais dans cette région. Une telle affirmation prouve ou que les connaissances sur l'Éthiopie acquises sous les Ptolémées étaient perdues au quatrième siècle de notre ère, ou qu'on ne les jugeait plus assez sérieuses pour être prises en considération. Évidemment la science géographique avait rétrogradé.

Ammien Marcellin parle ensuite des îles formées par le Nil, et cite, en particulier, celle de Méroé, *insulas efficit plures, inter quas Meroë*. Cette île de Méroé, autrefois le centre de la domination éthiopienne, et conquise par Cambyse, jeta un grand éclat dans l'antiquité, et toutefois son existence est pour nous environnée de mystères. La région désignée sous le nom de Méroé est-elle une île formée par le Nil? est-elle une étendue

[1] Lib. II n° 20 et seq.
[2] Strabon, lib. XVII, p. 543.

de pays qui mérite ce nom d'une manière quelconque? il n'est pas facile de le dire. Les historiens et les géographes anciens ne nous fournissent à cet égard que des indications vagues et contradictoires. Hérodote, qui l'avait seulement entrevue de loin, se borne à parler de la ville de ce nom, qu'il dit être la capitale des Éthiopiens [1]. Diodore de Sicile suppose qu'elle est formée par le Nil [2]. A son tour, Strabon, au livre XVI [3], affirme que l'île de Méroé est située dans le Nil ; puis, par une contradiction dont la raison nous échappe, au livre XVII [4], il assure, d'après Ératosthène, que l'île de Méroé est formée par l'*Astaboras* et l'*Astapus*. Josèphe, au livre V^e de ses Antiquités, semble exprimer cette opinion bizarre que le Nil d'abord, puis l'Astapus et l'Astaboras, lui faisaient une double enceinte [5]. Solin Polyhistor veut que Méroë soit le produit du Nil divisé en deux bras, dont l'un, celui de droite, prend le nom d'*Ascapus*, celui de gauche le nom d'*Ascapores* ou *Actapores* [6]. Pline vient ensuite, et soutient que Méroé, la plus connue des îles attribuées au Nil, est formée, à gauche, par l'*Astaboras*, c'est-à-dire le *bras d'eau qui vient des ténèbres*, et, à droite, par l'*Astasapus* ou *bras d'eau cachée* [7]. Complétons cette suite d'hypothèses obscures, en rappelant celle de Pomponius Méla, savoir, que le Nil, après avoir parcouru, dans un même lit, une grande étendue de pays, arrive en Éthiopie, et s'y partage en deux branches, entre lesquelles est la grande île de Méroé, l'une de ces branches s'appelle *Astaboras*, l'autre *Astapus* [8]. Nous avons déjà cité Ptolémée, qui assigne pour barrière à l'île de Méroé, au couchant le Nil au levant l'*Astaboras*.

Nous pourrions multiplier les citations sans nous éclairer davantage sur la science des anciens à l'égard de la position,

[1] Lib. II, c. XXIX.
[2] Lib. I, c. XX.
[3] P. 530. Μερόη οὖσα ἐν τῷ Νείλῳ νῆσος.
[4] P. 541. Δύο ποτάμοι περιλαμβάνοντες δὲ νῆσον τὴν Μερόην.
[5] Lib. V, c. V.
[6] C. XLI.
[7] Lib. V, c. X.
[8] Lib. V, c. VIII.

de la figure, de l'étendue et de la formation de cette île fameuse. D'Anville croit que les anciens se sont trompés en donnant le nom d'île à cette région de l'Éthiopie [1]. Caillaud, qui fit un voyage à Méroé de 1820 à 1822, ne serait pourtant point de cet avis. Il dit que l'ancienne île de ce nom est identique à la province de l'*Atbarah*, enclavée entre la rivière d'*Atbarah*, vers l'orient, le Nil, le fleuve Bleu et le *Rahad*, à l'occident, ce qui est vrai ; puis il ajoute qu'au point où se rapprochent les sources de ce dernier avec celles de l'*Atbarah*, suivant Bruce, est un ruisseau qui, courant de l'est à l'ouest et grossi par les pluies, fait, dans une saison de l'année, une jonction parfaite de ces rivières, et forme bien par conséquent une île, comme l'ont dit les anciens [2].

A notre tour, nous ne saurions partager l'avis de Caillaud. D'abord l'observation qui détermine son sentiment ne lui appartient pas en propre, il l'emprunte à Bruce, ce qui en diminue la valeur ; ensuite l'opinion qui attribuerait la propriété de former une île à un torrent parfaitement à sec, les trois quarts de l'année ne nous paraît guère sérieuse ; enfin l'autorité de Bruce manque de poids pour qu'on ajoute même du prix à son observation. En sorte que nous n'hésitons pas à dire que les explorations modernes ne permettent guère de considérer la région de Méroé comme une île dans le sens propre du mot, c'est-à-dire comme une terre environnée d'eau de tous côtés. Mais on peut justifier cette dénomination traditionnelle d'une autre manière, par la position, par exemple, de cette terre qui en fait effectivement comme une vaste oasis jetée dans un immense désert ; ou bien parce que les montagnes de l'Abyssinie la bornant au sud, de l'*Atbarah* au Nil Bleu, élèvent une barrière semblable à celle que les Alpes forment au pays situé entre le Rhône et l'Isère, et que Polybe désigne sous le nom d'*insula*, île.

Après les îles du Nil, Ammien Marcellin mentionne les cataractes de ce fleuve. Il ne décrit toutefois que celle de Philæ, qui

[1] *Géographie ancienne abrégée*, t. III, p. 50.
[2] *Voyage à Méroé et au fleuve Blanc*, t. III, p. 49.

est la première ou la dernière, selon qu'on remonte ou qu'on descend le Nil : « Après avoir dépassé l'Éthiopie, dit-il, le Nil, en possession de tout le volume de ses eaux, arrive aux cataractes, rochers abruptes, du haut desquels tombant, il se précipite plutôt qu'il ne coule. » Ces dernières expressions sont de Solin, à qui Ammien Marcellin les a visiblement empruntées : *Tantis agminibus extollitur inter objecta rupium ut ruere potius quam manare credatur*[1]. Pline avait dit avant eux : *Inter occursantes scopulos non fluere immenso fragore creditur, sed ruere*[2]. « Descendant par une dernière chute, au milieu de rochers rebelles, il jette plutôt qu'il n'épanche ses eaux. »

Les anciens exagéraient singulièrement la réputation de la cataracte de *Philæ*. A les en croire, la chute du Nil, en cet endroit, serait non moins considérable de celles de *Murchisson* et d'*Alata*. Cicéron, qui ne connaissait l'Égypte que par ouï-dire, dit dans le songe de Scipion : « C'est ainsi que vers les lieux où le Nil se précipite avec fracas du haut des monts, la peuplade voisine est devenue sourde à ce bruit qui retentit incessamment[3]. »

Sénèque répète la même chose, en y joignant une de ces amplifications emphatiques, comme on en trouve parfois dans ses œuvres : « Le fleuve rencontre les cataractes, spectacle sublime. Là le Nil se gonfle et réunit ses forces pour franchir des rochers escarpés. Brisé par l'opposition de ces écueils, resserré dans un étroit passage, vainqueur ou vaincu, il bat les rochers de ses eaux qu'il roule aussi impétueuses qu'auparavant elles étaient paisibles, et se précipite à travers ces gorges dangereuses, trouble et chargé de limon. Une fois engagé dans ces passes rocailleuses, il écume et prend une couleur nouvelle, non plus celle de sa nature, mais celle que le lieu lui impose. Enfin, les obstacles étant vaincus, il tombe d'une immense hauteur, avec un effroyable fracas dont retentissent les échos d'alentour. Une

[1] Solin, c. XLI.

[2] Pline, lib. V, c. x.

[3] *Sicut Nilus ubi ad illa quæ catadupa nominantur præcipitat ex altissimis montibus, ea gens quæ illum locum incolit, propter magnitudinem sonitus, sensu audiendi caret.* lib. XI. c. XI. *De Republica.*

colonie, amenée dans ce canton, assourdie par ce bruit continuel, se vit forcée d'aller chercher ailleurs un séjour plus tranquille[1]. »

On dirait vraiment que le philosophe a assisté en personne au spectacle qu'il décrit avec ce luxe d'imagination ! Les quelques mots qu'Ammien Marcellin emploie pour le mentionner sont un écho adouci de cette chute fantastique, mais n'en sont pas plus supportables. Notre historien n'avait pas vu, lui aussi, l'entrée du Nil dans la Thébaïde. La vérité est que la cataracte de *Philæ* n'est autre chose qu'une suite de rapides produits par un certain nombre de pics de granit, plus ou moins élevés, plus ou moins rapprochés, qui se dressent au-dessus des eaux, et que le fleuve surmonte en formant de petites cascades, dont chacune ne dépasse guère la hauteur d'un demi-pied [2]. Ce n'est donc point une cataracte dans le sens que nous autres modernes attribuons à ce mot. Les anciens ne connaissaient aucune chute de fleuve qui pût mériter le nom de cataracte. Ammien Marcellin donne le nom d'Atos à la région voisine.

Devenu plus paisible après avoir franchi les écueils de *Philæ*, le Nil parcourt l'Égypte dans toute sa longueur; mais, arrivé près de Memphis, il se sépare en sept branches pour se jeter dans la Méditerranée. Le temps a respecté les noms que l'antiquité avait appliqués à ces sept branches, et nous continuons à les désigner par les noms qu'Ammien Marcellin leur attribue, savoir : l'Héracléotique, la Sébennitique, la Tanitique, la Pélusiaque, la Bolbitine, la Phatnitique et la Mendésienne. La Bolbitine, qui baigne les murs de Rosette, et la Phatnitique, qui baigne les murs de Damiette, ont été de tout temps les principales, et ce sont celles qui constituent le fameux delta.

Ammien Marcellin ne fournit aucune indication à l'aide de laquelle on puisse juger de l'état géologique de la Basse-Égypte, vers la fin du IVe siècle de notre ère. Parmi les anciens, nous ne trouvons qu'Hérodote qui ait fait, à cet égard, des observations offrant quelque lumière à la science moderne, pour rendre

[1] Seneca, *Quæst. nat.*, lib. IV, c. II.

[2] Champollion, dans l'*Univers pittoresque*, p. 101.

compte des modifications que cette région a subies depuis l'époque où il vivait jusqu'au temps présent.

En revanche, Ammien Marcellin mentionne quelques-unes des espèces d'animaux particulières à l'Égypte. La description du crocodile ne manque ni de relief ni d'élégance. Mais cette description, un peu trop calquée sur celle d'Hérodote, en reproduit les erreurs, savoir, que le crocodile reste quatre mois sans manger et qu'il est dépourvu de langue. Ce qu'il dit de l'hippopotame est non moins remarquable, et semble plus appartenir à ses observations personnelles. Pendant son séjour en Égypte, il avait eu sans doute sous les yeux quelques individus de cette espèce. L'Égypte n'est pourtant pas la patrie de l'hippopotame. Ce monstrueux pachyderme habite le haut Nil, bien au delà de la cataracte de *Philæ ;* mais il a dû arriver, à toutes les époques, que des apparitions d'individus isolés l'ont montré jusque dans le delta. C'est grâce à ces circonstances que Rome put contempler quelques-unes de ces raretés. Ammien Marcellin note que le premier hippopotame qu'on y ait vu y fut apporté sous l'édilité de Scaurus, le père de celui que défendit Cicéron.

Parmi les volatiles, notre historien cite en particulier l'ibis, oiseau qui jouissait, chez les anciens Égyptiens, d'un caractère sacré, parce qu'il avait la réputation de détruire les œufs des serpents, ce qui est une erreur, car il est reconnu aujourd'hui que l'ibis ne fait point la guerre à ces reptiles. Il cite aussi le trochilus, qui débarrasse la gueule du crocodile des insectes qui l'encombrent pendant que le monstre dort. Les serpents ne lui ont point échappé, il en mentionne diverses espèces, mais comme il n'ajoute aucune observation, nous ne jugeons pas à propos de nous y arrêter.

Dans la nécessité où il s'est mis d'abréger ses descriptions, vu qu'il ne fait qu'un *compendium,* Ammien Marcellin se contente de signaler, en général, entre les monuments qui couvrent le sol de l'Égypte, ses nombreux et gigantesques temples. Il jette un cri d'admiration devant les pyramides, mais il passe sous silence le fameux labyrinthe, cette merveille de l'antiquité dont la renommée avait pourtant dû frapper son oreille. En dédommagement, il appelle l'attention de ses lecteurs sur d'autres constructions qui mériteraient aussi à bon droit le nom de labyrinthe et auxquelles on a donné celui de syringes : « Les syringes, dit-il, sont une suite de retraites souterraines et sinueuses que les prêtres, en prévision du déluge, construisirent, afin de mettre en sûreté la mémoire de leurs cérémonies, en les exprimant sur les parois des murailles, par d'innombrables figures d'oiseaux et d'animaux terrestres, qu'ils appelèrent hiéroglyphes[1]. »

Cette explication concorde singulièrement avec ce que dit Manéthon, dans le fragment de ses dynasties conservé par Georges le Syncelle [2] : « Que Mercurius Thoth écrivit, avant le déluge, des choses concernant l'histoire de l'Égypte, en caractères hiéroglyphiques, sur des stèles, dans la terre sacrée des syringes (Συριγγαδίκη γῆ), écrits qu'après le déluge, Agathomédon, deuxième fils de Mercurius, traduisit en grec, de cette langue mystérieuse. » Si l'on en croit une tradition, le nom de syringes appliqué à cette terre viendrait d'une montagne appelée *Séridos*, sur laquelle Arphaxad trouva deux stèles élevées par les descendants de Seth, et qui portaient écrite, en caractères figurés, une prédiction du déluge [3].

Reste à savoir où étaient situées ces syringes. Pausanias, qui avait voyagé dans le pays des Pharaons, en donne une indication remarquable quand il dit : « J'ai admiré un colosse qui se voit à Thèbes, en Égypte, au delà du Nil et près d'un lieu nommé Syringes[4]. » Et il ajoute : « C'est une statue inconnue qui représente un homme couché. Plusieurs l'appellent le monument de Memnon. » Ainsi le lieu des syringes est contigu à celui où se trouve la célèbre statue de Memnon. Callistrate, dans son *Ecphasis prima*, Héliodore, dans son livre deuxième sur l'Éthiopie, confirment l'indication de Pausanias. Mais les explorations modernes la précisent encore mieux.

Dans leur introduction à la description générale de Thèbes,

[1] C. xv.

[2] Georges le Syncelle, *Chronographiæ*, p. 40.

[3] Voir Eustathe, *in Hexamero.*

[4] Παρέσχε δὲ πολλῷ μάλιστα (θαυμάσαι) Αἰγυπτίον ὁ κολλοσσὸς ἐν Θήβαις Αἰγυπτίαις διαβᾶσι τον Νεῖλον πρὸς τὰς Συρίγγας καλουμένας ὅδον. (Lib. I, p. 101.)

MM. Jollois et Devillers s'expriment ainsi : « A partir du tombeau d'Osymandias (rive gauche du Nil), non loin de là, sur la gauche, est un mamelon séparé de la chaîne Libyque, dans lequel les Égyptiens ont creusé une de ces syringes si célèbres dans l'antiquité. C'est un véritable dédale, dans lequel on ne doit pas pénétrer sans prendre quelques précautions. Le grand nombre de couloirs et de salles, les puits verticaux qui conduisent à des appartements inférieurs, présentent l'aspect d'un lieu destiné à des initiations et à des célébrations de mystères[1]. »

« L'endroit où sont les grottes, dit à son tour M. Costaz, se nomme *Quournah*. La montagne libyque est composée d'énormes bancs de rochers calcaires coupés à pic, et présentant, du côté du Nil, des parements escarpés et très élevés. D'immenses travaux ont été faits dans l'intérieur de la montagne... Quand on est auprès du *Memnonium*, si on élève ses regards vers les montagnes, on aperçoit, de tous côtés et à toutes les hauteurs, une multitude d'ouvertures semblables à des fenêtres, percées dans le rocher, qui en est comme criblé... Toutes ces grottes n'ont pas été uniquement creusées pour servir de sépulture, nous en avons vu qui semblent avoir une autre destination. La plus remarquable se trouve à la distance d'environ sept cents mètres du tombeau d'Osymandias, en suivant une direction peu différente de celle de nord-nord-est. L'entrée de cette grotte fait face au Nil ; elle est précédée d'un grand espace découvert qui a été taillé dans le roc et qui forme le parvis de la grotte. De là on pénètre dans un vestibule qui est aussi à ciel ouvert. Toutes les autres pièces sont souterraines. Elles sont au nombre de vingt-huit. Quelques-unes ont de seize à dix-sept mètres de longueur ; il y a même une galerie de vingt-cinq à vingt-six mètres. Les unes sont de plain pied ; d'autres appartiennent à un étage inférieur, auquel on arrive par un escalier doux et commode, composé de cinquante-six marches et de deux paliers.

« Il existe au pied de l'escalier un puits de plus de neuf mètres. On y descendit ; lorsqu'on fut au milieu de la hauteur, on recon-

[1] *Description de l'Égypte*, t. II, c. IX, p. 18.

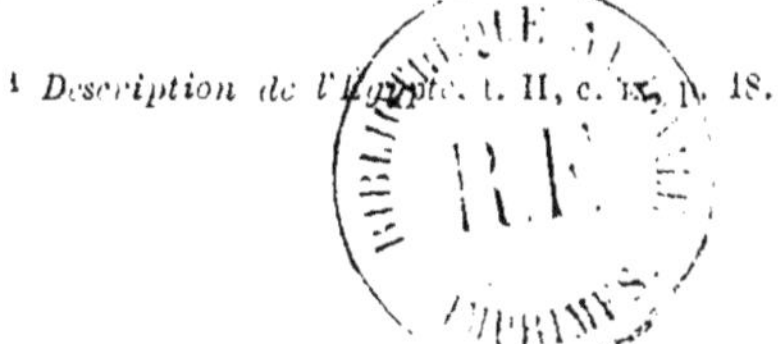

nut avec surprise une ouverture percée dans l'un des murs ; c'était une porte qui conduisait dans une petite salle taillée régulièrement comme tout le reste de la grotte.

« L'entrée d'un autre puits plus intéressant se trouve à l'étage supérieur, dans une galerie que l'on a sur la droite avant d'arriver à l'escalier. La bouche du puits occupe toute la longueur de la galerie, à l'exception d'une borne étroite qui a été réservée sur la gauche. Il faut que les voyageurs aient toujours présente à l'esprit l'existence de ces puits, et qu'ils se tiennent sur leurs gardes lorsqu'ils en approcheront : ils pourraient y trouver la mort. En général, il est peu de grottes qui ne présentent quelque fosse dangereuse.

« Au fond du puits dont nous venons de parler, il est une galerie faisant retour en équerre ; elle conduit à une salle où il y a un second puits ; en descendant jusqu'au fond, on trouve la porte d'une chambre qui conduit à deux salles d'une assez grande longueur ; de sorte que voilà trois étages de souterrains... Le travail de ce singulier monument est extrêmement soigné. Tous les parements des murs sont exactement dressés et parfaitement verticaux ; les galeries s'emmanchent les unes dans les autres exactement en équerre ; les ciels sont quelquefois à plafond droit, quelquefois ils sont taillés en berceau d'une courbure agréable. Dans certaines pièces, les ouvriers ont épargné sur la matière du rocher des masses façonnées en forme de piliers, avec beaucoup de correction. Toute la surface, à l'exception des puits et des caveaux, est entièrement couverte d'hiéroglyphes exécutés avec une finesse qui surpasse tout ce que j'ai vu en Égypte.

« Quels motifs poussèrent ce peuple à tailler ainsi des rochers, à porter, dans le sein des montagnes à une si grande profondeur, les ornements de l'architecture et le luxe de la sculpture ? Quel était l'usage de cette grotte ? Le nombre et l'étendue de ses galeries, dont quelques-unes rentrent sur elles-mêmes, après plusieurs détours, les puits qui conduisent à d'autres galeries, cette complication extrêmement favorable pour produire des illusions, des surprises et des terreurs, tout cela me fait présumer que c'est un de ces lieux appelés *syringes* chez les anciens, et que cet antre servait à rendre des oracles ou à célébrer des mystères[1]. »

Il est probable que Tacite avait en vue les syringes lorsqu'il dit que Germanicus visita dans la Thébaïde, entre autres monuments, des voies étroites et des profondeurs impénétrables ; *atque alibi angustiæ et profunda altitudo nullis inquirentium spatiis penetrabilis*[1]. Les traducteurs, n'ayant point eu l'idée de ces grottes mystérieuses, sont venus échouer contre ce passage vraiment énigmatique, qu'il faut, croyons-nous, interpréter de cette manière : « Et ailleurs, ces corridors étroits et ces hauteurs rendues profondes, offrent aux curieux d'insondables espaces. »

Ammien Marcellin note ensuite, ce qui est exact, le passage du tropique du Cancer à *Syène*, ce qui veut dire que cette ville est le point où le soleil, à l'époque du solstice d'été, arrête sa course vers le nord, parce qu'en ce moment les corps cessent de donner des ombres. Il remarque de plus un autre phénomène qui se produit dans les régions intertropicales, celui de l'opposition des ombres, ce qui a fait surnommer les habitants de l'île de Méroé *Antisciens*, de ces deux mots grecs, ἀντὶ, contre, et σκία, ombre. Après cela, il renvoie l'explication de beaucoup d'autres particularités surprenantes à ceux qui habitent les hautes régions de la science, *ad ingenia celsa*, et il aborde la division de l'Égypte.

Autrefois, dit-il, ce pays comptait trois provinces, savoir : l'Égypte proprement dite, la Thébaïde et la Libye. Dans les temps récents on a ajouté l'Augustamnique et la Pentapole, la première, prise sur l'Égypte, la seconde sur la Libye. La division ancienne semble s'écarter de celle de Strabon et de Ptolémée, qui assignent à l'Égypte ces trois parties, savoir : le Delta, l'Heptanomide et la Thébaïde. Mais la différence n'est qu'apparente, parce que la Libye, dont la Cyrénaïque n'était point déta-

1 *Description des tombeaux des rois*, t. III. sect.. II. p. 18 et suiv.

2 *Annales*, lib. II, c. LXI.

chée, ne faisait qu'un avec le Delta. L'Heptanomide répond à la partie intermédiaire située entre le Delta et la Thébaïde. L'introduction de la Pentapole n'est qu'une subdivision de la Libye, et celle de l'Augustamnique qu'une subdivision du Delta. Cette nouveauté eut lieu vers la fin du IVe siècle de notre ère, à l'époque même d'Ammien Marcellin, époque où fut rédigée la notice de l'Empire[1]. Nous ne parlerons pas d'une autre division, en trente-six préfectures, établie seulement pour la facilité de l'administration, mais qui ne fit nullement disparaître la démarcation traditionnelle des provinces[2].

Dans la description que nous n'avons plus, Ammien Marcellin devait donner beaucoup de détails, à en juger d'après son habitude. Ici, il se borne à mentionner, dans chacune des provinces, les villes qui lui ont paru les plus dignes d'être signalées.

La Thébaïde, dit-il, renferme un grand nombre de cités, mais les plus plus célèbres sont *Coptos*, *Hermopolis*, *Antinoé* et *Thèbes*, que tout le monde connaît.

Comme il faut justifier le choix de notre historien, nous aurons recours à ce qu'ont écrit de ces cités les savants qui firent partie de la grande expédition d'Égypte.

« Les débris de *Qeft*, *Qous* ou *Coptos*, qui jouit d'une certaine renommée dans l'histoire, sont situés presque au milieu de l'espace compris entre la rive orientale du Nil et le pied de la chaîne arabique, en face d'une plaine sablonneuse sillonnée par des torrents, à peu près à moitié de la distance de *Tentyris* à *Apollinopolis parva*. D'après le témoignage des historiens, il paraît que la grande importance de *Coptos* ne date guère que de l'époque où les Ptolémées en firent en quelque sorte l'entrepôt du commerce de l'Inde, au moyen de la route qu'ils établirent de cet endroit jusqu'à Bérénice, à travers les montagnes et les sables du désert [3]. » On voit encore, à l'emplacement de *Coptos*, de belles ruines égyptiennes. Au IVe siècle, c'était une ville chrétienne. Et il faut bien que les malheurs qu'elle subit

[1] Pencirole, p. 177.
[2] Voir d'Anville, *Mémoire sur l'Égypte*, p. 31.
[3] Jollois et Devillers, t. III, c. x.

sous la persécution de Dioclétien n'eussent pas éteint sa prospérité, puisque, entre tant d'aures cités, elle fixa les regards d'Ammien Marcellin.

La ville d'*Achmouneyn* remplace aujourd'hui l'*Hermopolis* mentionnée par notre historien. D'Anville dit que les traditions du pays font dire à Vansleb que cette ville, qu'il nomme *Ishmun-irommam*, doit sa fondation à *Jshmun*, fils de *Misraïm*[1]. M. Jomard, qui en a décrit les ruines, a admiré la grande étendue, la hauteur, la couleur sombre et presque noire des décombres dont elles sont formées. Tous ces débris annoncent la richesse de l'ancienne Hermopolis ou ville de Mercure[2].

Antinoé est située sur la rive droite du Nil, presque en face d'*Hermopolis magna*. Cette ville doit, sinon son origine, du moins son nom à la honteuse passion d'Hadrien pour le jeune Antinoüs, qu'il traînait à sa suite, et qui pendant le voyage de l'empereur en Thébaïde, trouva la mort dans le Nil. Pour l'honneur d'un prince qui ne fut pas sans mérite, il faut croire qu'Hadrien, venant en Égypte, eut la noble ambition, en bâtissant une cité, d'imiter Alexandre le Grand fondant Alexandrie, et qu'il eut seulement la faiblesse de l'appeler du nom de son favori. *Antinoé* occupait la place de *Besa*, dont le souvenir fut rapidement absorbé par les splendeurs de la nouvelle cité. Au milieu des villes de la Thébaïde si exclusivement égyptiennes, Antinoé était une ville spécialement romaine, ayant des thermes, un cirque, un théâtre, des arènes, des arcs de triomphe, des colonnes triomphales, enfin tout ce qui appartenait en propre à la civilisation des maîtres du monde. Alexandre Sévère, visitant Antinoë, avait encore ajouté aux monuments de son fondateur des marques de sa propre munificence. En sorte qu'à l'époque d'Ammien Marcellin, *Antinoé* devait être une des villes les plus belles et les plus florissantes de l'Égypte[3].

Mais *Thèbes* était-elle encore habitée à l'époque de notre historien? quand il la mentionnait comme une ville notable, té-

1 *Mémoire sur l'Égypte*, p. 173.
2 T. IV, p. 171.
3 Jomard, t. IV, c. XIV, *passim*.

moignait-il de son état présent, ou bien ne voulait-il que rendre hommage à l'illustration de son passé? il est permis de douter. La fondation de *Thèbes* remonte, sans conteste, aux âges les plus reculés du monde. Sans entrer dans la discussion de sa chronologie, ce qui ne serait point dans le plan de cette étude sans examiner où finit la partie systématique et où commence la partie vraiment historique, il est certain que l'originalité de ses monuments, le style sans modèle de son architecture, l'étrange caractère de sa langue et de son écriture, la vague obscurité de ses annales, attestent la plus haute antiquité. Qu'elle ait été la capitale d'un puissant empire, l'étendue et l'importance de ses ruines en font foi. Qu'elle ait été un centre riche et populeux, la magnificence de ses temples et de ses palais ne laissent aucun doute à cet égard. Comment cette prodigieuse cité était-elle arrivée à ce degré de splendeur? Comment en est-elle déchue? Quand a commencé sa décadence? Par quel enchaînement de causes fatales cette décadence est-elle devenue irrémédiable? Ce sont là tout autant de questions sur lesquelles ses monuments épigraphiques ne fournissent aucune lumière.

En ce qui concerne son dépérissement, il y a bien quelques données historiques connues; par exemple, la catastrophe que subit cette ville, lors de la fameuse expédition de Cambyse. Toutefois ce désastre ne suffirait pas à expliquer son anéantissement, puisque suivant Pausanias, elle avait conservé assez de richesses pour surpasser en ce point les plus puissantes villes de la Grèce, à l'époque de Ptolémée Philométor. Ce prince, pour la punir de sa révolte, lui enleva les restes de son opulence. Mais les pertes matérielles se réparent tant que l'énergie morale n'a pas disparu et qu'il reste un esprit d'activité chez les habitants. Comme, depuis ce dernier malheur, l'histoire ne s'occupe plus de *Thèbes*, il faut en conclure que la capitale de la Thébaïde se mourait d'elle-même. Nous n'insisterons pas sur les dévastations accomplies plus tard par le procurateur Cornélius Gallus, parce que Thèbes alors n'avait évidemment plus rien à perdre[2].

[1] *Attique*, lib. I, c. IX.
[2] Ammien-Marcell., lib. XVII, c. III.

Aussi Strabon, en la visitant sous Auguste, n'y avait-il vu que des ruines au milieu desquelles habitait une population devenue rare [1]. Cette fameuse ville a eu le sort de Ninive, de Babylone et de Tyr, ces capitales de l'Orient que la colère divine avait touchées de son souffle, et sur lesquelles planent encore les malédictions des prophètes. Nous lisons, en effet, dans Ézéchiel, cet oracle formidable : « Je mettrai la terre d'Égypte au rang des terres désertes et ses cités au nombre des villes désolées, *dabo terram Egypti desertam in medio terrarum desertarum, et civitates ejus in medio urbium subversarum*[2]. »

Ammien Marcellin appelle Thèbes *Hecatonpylos*, ville aux cent portes. C'est le nom que tous les anciens lui donnent d'après Homère qui le premier l'a employé, nom qui signale la grandeur et la puissance de la capitale à laquelle il l'applique, et que le poète rend vraiment étonnantes, quand il ajoute que, « par chacune de ses portes, il pouvait sortir dix milles guerriers avec leurs chevaux et leurs chars[3]. » Comme l'œuvre d'Homère n'est pas seulemement le plus beau des poèmes épiques, mais encore le tableau fidèle de la science de son temps, un mot d'Homère doit être considéré avec une sérieuse attention.

A la verité nulle part, dans l'emplacement des ruines actuelles de *Thèbes* on n'aperçoit les vestiges d'une enceinte continue qui aurait enveloppé cette ville, et dans laquelle auraient été pratiquées les cent ouvertures. Mais ce ne serait pas là une raison de conclure que cette enceinte n'a jamais existé, et que les cent portes ne sont qu'une fable. S'il faut en croire Ammien Marcellin, Thèbes était encore enfermée, de son temps, par des remparts d'une merveilleuse structure, *ambitiosa mœnium struc.* Ce témoignage nous paraît avoir un certain poids. Notons qu'à

[1] Strabon, lib. XVII, p. 663, donne pour motif de cette dévastation un refus de tribut fait par la population thébéenne.

[2] Ezech., c. xxix, v. 12.

[3] Iliad., IX, v. 381 et seq. :

. . . . οὐδ' ὅσα Θήβας
Αἰγυπτίας. . . . .
Αἵθ' ἑκατόμπυλοί εἰσι, διηκόσιοι δ' ἀν' ἑκάστην,
Ἀνέρες ἐξοιχνεῦσι σὺν ἵπποισιν καὶ ὄχεσφιν.

l'époque où écrivait Homère, la capitale de la Thébaïde était dans tout l'éclat de sa splendeur, qu'elle devait la renommée de magnificence dont elle a joui dans l'antiquité surtout à ses cent portes, que nous sommes à près de trois mille ans de l'époque d'Homère, et qu'il y a plus de vingt siècles que cette merveilleuse cité est en ruines. Il paraît bien difficile de contredire le mot de l'Iliade. Dans tous les cas, nous n'aurions garde d'admettre, pour l'expliquer, l'interprétation de certains commentateurs qui prennent l'*Hecatonpylos* pour cent étables de chevaux, ou bien encore celle qui l'attribue à cent palais de princes troglodytes, creusés dans les montagnes environnantes. MM. Jollois et Devillers nous sembleraient plus sensés en voyant les cent portes thébéennes, dans les nombreuses ouvertures du vaste hippodrome de *Médinet-Abou* et dans celles qui ont dû sans doute exister dans l'enceinte située au sud-est de *Louqsor*. C'est, en effet, par ces portes que sortaient les troupes nombreuses que l'on réunissait très probablement à des époques et dans des circonstances déterminées [1]. Mais, ce ne sont là que des suppositions, et le mot d'Homère reste toujours comme un témoignage.

Dans l'Augustamnique, Ammien note en premier lieu comme ville célèbre, *Pélusium*. Ce fut, dit-il, Pélée, père d'Achille, qui la fonda, lorsqu'il vint, par l'ordre des dieux, se purifier dans les eaux du lac qui baigne ses murailles, pour se délivrer de la colère des Furies qui le punissaient du meurtre de son frère Phocus. Cette légende fabuleuse prouve bien son antiquité ; par contre, ce n'est pas sa grandeur qui prouve son importance, puisqu'au dire de Strabon, son enceinte n'était que de 20 stades ou 3 kilom. 780 mètres. Mais Pélusium était la clef de l'Égypte et de la Syrie [2]. C'est *Tinéh* qui remplace aujourd'hui l'antique *robur Ægypti*.

Après *Pélusium*, notre historien mentionne successivement *Cassium Ostracine* et *Rhinocorura*. *Cassium* pouvait jouir au IVe siècle de quelque importance, mais aujourd'hui cette ville ne mériterait pas un souvenir, si elle ne renfermait pas le tom-

[1] T. III, p. 253.

[2] Voir d'Anville, *Mémoire sur l'Égypte*, p. 97.

beau de Pompée. Selon l'itinéraire d'Antonin, *Cassium* était situé à 40 milles, ou 60 kilom. 480 m. de *Pélusium*, en passant par la station de *Penta Schœnon*, aujourd'hui *Cutiéh*, non loin du *Palus Sirbonis*, ou lac Sirbon.

Ostracine, située à 26 milles, ou 39 kilom. 312 m. de *Cassium* et vers la pointe du *Palus Sirbonis*, est pour nous plus obscure encore que *Cassium*. *Straki*, située dans une langue du rivage, entre le *Palus Sirbonis* et la mer, est un reste du nom de cette ville.

Rhinocorura, ou *Rhinocolura*, placée sur le *torrens Ægypti*, fut longtemps une ville phénicienne. Mais, à l'époque d'Ammien Marcellin, elle était comprise dans la limite de l'Égypte. Elle s'y trouve encore aujourd'hui sous le nom arabe d'El-Ariéh.

La Pentapole et la Libye sèche constituaient, à l'occident, de la même manière que l'Augustamnique à l'orient, un appendice de l'Égypte. Seulement leur étendue était beaucoup plus considérable. La Pentapole n'est autre chose que la Cyrénaïque, contrée située dans l'arc de cercle formé par la mer et terminé par le fleuve *Paliurus*. Cinq villes principales dit d'Anville, faisaient distinguer cette province par le nom de Pentapole, savoir : *Cyrène, Ptolémaïs*, *Arsinoé* ou *Teuchira*, *Darnis et Bérénice*[1]. Ammien Marcellin cite, en effet, ces cinq villes.

Peuplée par une colonie grecque, la Pentapole se distingua, dans l'antiquité comme contrée indépendante et jeta un certain éclat par le commerce et par la science. Le commerce l'enrichit, et la science la rendit célèbre. C'est cette contrée qui fournit Aristippe, disciple de Socrate et chef de la secte philosophique dite cyrénaïque, Annicéris, qui réforma cette secte, le poète Callimaque, Carnéade, le fondateur de la troisième académie, Cronus Apollonius, maître de Diodore le logicien, lequel prit le nom de son maître, et le plus illustre de tous, le fameux Ératosthène, philosophe et mathématicien à la fois, et le bibliothécaire des Ptolémées.

Reléguée dans un coin du monde, placée comme une délicieuse

[1] *Géographie ancienne abrégée*, t. III, p. 43.

oasis entre la mer et les déserts de la Libye, défendue par la nature contre l'ambition des conquérants, la Pentapole semblait destinée, par la douceur de son climat et la fertilité de son sol, à faire le bonheur de ses habitants Toutefois elle connut les troubles politiques qui changent la condition des peuples. Après avoir appartenu à la monarchie gréco-égyptienne, la Pentapole fut léguée aux Romains par Apion, fils bâtard de Ptolémée Physcon. Cette cession, qui la préservait des malheurs du despotisme, ne la défendit pas des désordres de l'anarchie, et Rome se vit forcée de la réduire en province romaine pour l'affranchir des excès de la liberté.

Cyrène, qui avait donné son nom à la province, après l'avoir tiré elle-même de la fontaine Cyré, près de laquelle elle était située, avait été la plus importante ville du pays, par son étendue et par sa population. Mais Ammien Marcellin fait observer que de son temps la vie semblait s'en être retirée et qu'elle était devenue déserte, *urbs antiqua, sed deserta.*

Après *Cyrène* vient *Ptolmaïs*, que l'on trouve quelquefois confondue avec *Barcé*, dit d'Anville [1], et qui garde ancore aujourd'hui son nom dans celui de *Tolometa.*

Teuchira, ainsi appelée primitivement, avait échangé cette dénomination, sous les princes gréco-égyptiens, en celui d'*Arsinoé.* C'est aujourd'hui *Faïuma.*

Darnis conserve quelque chose de son ancien nom dans celui de *Derne.*

Enfin Bérénice était la plus reculée des cinq villes du côté de l'occident; l'agrément de son site lui avait fait une réputation élyséenne, et la fable plaçait dans ses environs le fameux jardin des Hespérides, ce qui lui en avait fait contracter le surnom : *Berenice, quas Hesperidas adpellant*, dit Ammien Marcellin [2].

La Libye sèche s'étend, le long de la mer, depuis le fleuve *Paliurus* jusqu'au lac *Mareotis*, et se divise en Libye inférieure

[1] *Ibidem*, p. 44.
[2] Voir Pline, lib. V, c. v.

et Libye supérieure. On lui donne aussi le nom de Marmarique. Ammien Marcellin cite, dans cette région, trois villes situées le long de la côte.

Parætonium, ville forte, constituait à l'occident, comme *Pélusium* à l'orient, un boulevard pour l'Égypte. Elle est remplacée actuellement par *Al-Sarétoun*. *Chæreclea* et *Neapolis* ne sont que des lieux obscurs, entre le petit nombre de municipes sans importance de cette contrée, *inter municipia pauca et brevia*. Il est à présumer que le temple de Jupiter Ammon, si fameux dans l'antiquité, avait perdu son prestige et partant sa renommée, vers la fin du quatrième siècle, puisque notre historien n'en parle pas.

Dans la province d'Égypte proprement dite, où le génie de la Grèce et celui de Rome avaient opéré de plus notables transformations, Ammien Marcellin cite, comme ayant conservé plus particulièment leur ancienne importance, les quatre villes suivantes : *Athribis*, *Thmuis*, *Oxyrinque* et *Memphis*.

La latitude assignée à *Athribis* fixe l'emplacement de cette ville sur la rive droite de la branche actuelle de Damiette. Étienne de Byzance écrit le nom de cette ville d'une manière particulière, savoir, *Atharrabis*, en grec 'Αθαρραβὶς. Mais cette divergence ne fait aucune difficulté pour l'identité du lieu, car on sait que nombre de noms ont été défigurés par les copistes des auteurs anciens. *Athribis* avait conservé l'importance qu'elle s'était acquise sous la monarchie des Pharaons. Chef-lieu de préfecture sous les Romains comme sous les Grecs, elle était encore, à l'époque d'Ammien Marcellin, l'une des plus grandes villes de l'Égypte, ainsi que l'atteste l'étendue de ses ruines. Un village du nom d'*Atryb* remplace aujourd'hui la vieille et splendide cité [1].

Thmuis, selon l'itinéraire, était située, à 22 milles ou 33 kilom. 264 m. de *Tanis*, aujourd'hui *Sân*. Or, cette même distance se retrouve, entre *Sân* et *Tmây*. C'est donc ce village qui représente Tanis. On est obligé de recourir à de tels calculs pour se rendre compte des lieux mêmes, car il ne reste plus,

[1] Voir M. Jomard, t. IX. *des antiquités*.

à la place d'une ville qui était déjà florissante au temps d'Hérodote, et qui avait encore, au quatrième siècle, une grande existence, que des débris informes [1].

Il en est de même de *Memphis*. Les restes de cette capitale des Pharaons sont depuis longtemps si peu apparents, que des voyageurs, comme Shaw, le P. Picard, Pokoke, Bruce, Niebuhr et Maillet, ont cru les voir en des lieux différents. Il devait appartenir à l'expédition scientifique de la fin du dernier siècle d'en retrouver le véritable emplacement au village de Myt-Rahynéh. Il se fait reconnaître par une suite de monticules dus à l'amoncellement des débris des anciens édifices. « Ces buttes, dit M. Jomard, forment une vaste chaîne de décombres, couverts de palmiers, ainsi que de pierres brisées accumulées en tous sens, les unes en granit, les autres en matière calcaire. Une petite plaine sépare ces monticules, et un canal la travere ; des blocs énormes en grès et en granit sont confusément amassés. Ils sont tout couverts de sculptures hiéroglyphiques [2]. »

Memphis, au rapport des historiens, renfermait une foule de monuments somptueux. Aujourd'hui, à part quelques fragments de colosses et de vastes décombres, on n'en découvre aucun vestige qui soit capable d'en rappeler la forme. Les révolutions successives qui ont ravagé Memphis ne suffiraient pas à expliquer une si complète disparition. Il faut admettre que ces monuments n'étant pas, comme ceux de la Haute-Égypte, construits en matériaux capables de défier le temps et les barbares, se sont perdus de même que ceux de Ninive et de Babylone. Nous n'avons aujourd'hui pour juger de la splendeur de cette capitale, qui remonte à *Ménès* et vit les prodiges de l'intendance de Joseph, que l'immensité de ses ruines, dont les monceaux couvrent un espace de 10 kilomètres en longueur et de 5 en largeur [3].

Memphis ne joua un grand rôle que sous la monarchie égyptienne proprement dite. A l'époque des Lagides, elle se vit

[1] Le même, *ibidem*.

[2] *Description de Memphis*, par M. Jomard, t. V, sect. II.

[3] *Description de Memphis*, *passim*.

promptement supplantée par Alexandrie. Pourtant elle était encore une grande et populeuse ville, au moment de la conquête romaine. Strabon [1] vit ses édifices dans un état de démolition. On en avait pris les matériaux pour les employer à l'établissement de la nouvelle capitale. Sa déchéance continua sous l'empire. Au temps d'Ammien Marcellin, elle ne vivait plus que de son ancienne gloire. Les Arabes lui portèrent le dernier coup.

Bien plus encore que *Memphis*, *Oxyrinque* a disparu, et il n'est plus possible de retrouver ni un édifice ni même l'emplacement qui rappelle le souvenir de cette ville [2].

Au point de vue de l'histoire, de la politique, de la science et du commerce, tout s'efface devant Alexandrie. Ammien Marcellin appelle cette capitale la cité qui domine toutes les autres cités, *vertex omnium civitatum*, la cité qu'ennoblissent à la fois et la magnificence de son fondateur et le génie de son architecte.

Deux siècles environ après Cambyse, ce conquérant barbare qui passa sur l'Égypte comme un ouragan, ne laissant après lui que des ruines, Alexandre le Grand y vint pour édifier. Avec son coup d'œil perçant, il jugea que l'Égypte devait être le centre commercial du grand empire qu'il s'occupait de fonder, et que partant, un port commode y était nécessaire afin d'en faciliter les relations avec les contrées diverses. Cette idée conçue, il voulut la réaliser sur-le-champ ; il jeta les yeux sur un lieu nommé *Rhacotis*, situé en face de l'île de *Pharos*, dans cette langue de terre qui sépare le lac *Maréotis* de la mer, non loin de la bouche Canopique. Homère, qui semble n'avoir ignoré aucun lieu célèbre de l'antiquité, mentionne, comme par une sorte de vaticination, l'endroit que devait un jour occuper la cité d'Alexandre, quand il met dans la bouche de Ménélas abordant en Égypte, à la poursuite d'Hélène et de son ravisseur, cette description où l'exactitude s'unit aux grâces de la poésie :

[1] Strabon. lib. XV, p. 555.
[2] *Antiquités*, t IX, sect. II°.

« En face de l'Égypte il est une île du nom de *Pharos*, éloignée du Nil d'autant de chemin que peut en faire en un jour un navire qui a le vent en poupe[1]. » Ammien Marcellin, qui invoque le témoignage du grand poète en cette occasion, aurait mieux fait de rappeler cette donnée topographique de l'Odyssée sur Pharos, que de parler de la fable de Protée poussant vers cette île un troupeau de phoques.

Rhacotis n'était qu'une plage stérile. Mais le conquérant, qui n'avait besoin que d'un emplacement propre à recevoir des constructions, y trouva ce qu'il lui fallait et ordonna à l'architecte *Dinochares* et non *Dinocrates*, comme l'écrit Ammien Marcellin, d'y tracer le plan de la ville qui devait porter son nom. Les rapides progrès de la nouvelle cité ne tardèrent pas à montrer combien le coup d'œil du conquérant avait été juste. Alexandrie, dit notre historien, ne connut point, ainsi que d'autres cités, les débilités de l'enfance et les pénibles efforts d'un long développement. Elle était à peine fondée que déjà ses constructions couvraient un immense espace : *Alexandria non sensim, ut aliæ urbes, sed inter initia prima aucta per spatiosos ambitus.*

Toutefois il ne serait pas juste d'attribuer exclusivement au conquérant macédonien cette rapide et brillante prospérité. Alexandrie se développa surtout sous les Ptolémées dont elle devint naturellement la capitale. Suétone raconte qu'Auguste, visitant l'Égypte, après la décisive victoire d'Actium, fit ouvrir le tombeau d'Alexandre, en tira le corps de ce roi, lui mit une couronne d'or sur la tête, le couvrit de fleurs, et le vénéra à l'instar d'un dieu. Comme on lui demandait ensuite s'il ne voulait pas aussi voir les Ptolémées, il répondit : « J'ai voulu voir un roi et non pas des morts ; *regem se voluisse, ait, videre, non mortuos*[2]. »

Avouons que, dans cette circonstance, l'heureux vainqueur d'Antoine éprouvait le besoin de faire de l'esprit au dépens des

[1] *Odyssée*, ch. IV, v. 355 à 355.
[2] Sueton., *in vita Augusti*, c. XVII.

Ptolémées. Sans doute entre le glorieux conquérant de l'Asie et les princes lagides il n'y avait aucune comparaison à établir. Mais, entre l'admiration et le dédain, il y a encore de la place pour l'estime. Or les premiers Ptolémées, Soter, qui fut le compagnon d'Alexandre, Philadelphe et Évergètes, sont des princes auxquels on ne saurait contester une réelle valeur, et c'est sous leur règne qu'Alexandrie est devenue une grande et belle ville.

Effectivement, si extraordinaire qu'on suppose le développement d'Alexandrie, il est évident qu'il n'a pu s'achever du vivant de son fondateur. Ce sont donc les Ptolomées qui, après avoir établi la domination grecque sur le pays des Pharaons, édifièrent et embellirent la nouvelle capitale de l'Égypte. C'est à Philadelphe que sont dus les monuments les plus importants, notamment le creusement du canal de la mer Rouge, destiné à relier l'Égypte aux Indes, la construction de la tour du phare, qu'Ammien Marcellin attribue faussement à Cléopâtre, tour merveilleuse par la grandeur de ses dimensions, la magnificence des matériaux, la perfection de l'ouvrage, et que l'on a comparée aux pyramides.

Ce que firent les Ptolémées pour la science, la philosophie et les lettres, n'est ignoré de personne. Ce sont eux qui appelèrent dans leur résidence royale des hommes comme Euclide, Hipparque, Eratosthène, lesquels composèrent ce collège fameux, qu'on appela le *Muséum* et dont le gouvernement faisait les frais. Ce sont eux encore qui fournirent à ce collège les éléments d'étude, en fondant cette bibliothèque dont la renommée a traversé les âges, et dont la perte, deux fois répétée, ne saurait être trop déplorée.

En signalant ce dernier monument de la munificence des Lagides, Ammien Marcellin place dans le *Serapeum* cette collection bibliographique qu'il évalue à 700,000 volumes. Puis il ajoute qu'elle fut brûlée pendant la guerre d'Alexandrie, au milieu du bouleversement de la ville, sous le dictateur César. Il y a là une confusion de faits. La bibliothèque qui périt dans cette occasion n'était point déposée dans le *Serapeum*, mais bien dans le palais du *Bruchion*, situé dans le quartier de ce nom. Cette collection était en effet la Bibliothèque amassée par les Ptolémées.

Après cette regrettable catastrophe, qui détruisit 400,000 volumes et non 700,000, on transporta dans le *Serapeum* les 300,000 qui avaient été sauvés de l'incendie, lesquels, joints à 200,000 autres volumes de la bibliothèque de Pergame, que le triumvir Antoine donna à Cléopâtre, firent de la collection du *Serapeum* un dépôt très-considérable qui fut augmenté dans la suite. C'est celui qui existait du temps d'Ammien Marcellin, et que détruisirent plus tard les Arabes.

Sous la monarchie des Lagides, Alexandrie, grâce à sa position et à la libéralité de ses princes, dépassa en prospérité et en magnificence toutes les villes de l'Orient, sans excepter Antioche. Son rôle ne fut pas amoindri en passant sous la domination romaine. De capitale du royaume greco-égyptien, elle devint le chef-lieu de la province romaine d'Égypte et la seconde ville de l'empire, par la splendeur de ses édifices, l'agrément de sa situation, le mouvement des affaires, l'importance de sa population. Diodore de Sicile, qui l'avait visitée vers les derniers temps des Lagides, lui attribuait, à cette époque et malgré les malheurs de la guerre, trois cent mille habitants de condition libre; or on sait que, dans l'antiquité, les esclaves surpassaient en nombre les personnes libres. On peut donc inférer de là que la population d'Alexandrie ne devait pas être éloignée du chiffre de sept cent mille âmes[1].

Ce chiffre ne diminua point sous l'empire, car les éléments de prospérité qu'elle possédait déjà continuèrent à se développer, son école surtout. Alexandrie devint le siége de cette philosophie néoplatonicienne qui jeta au IIIe siècle un si vif éclat, et dont un de nos docteurs chrétiens, le célèbre Origène, se montra une des plus brillantes illustrations.

Ammien Marcellin parle avec admiration de cette école qui n'avait, de son temps, rien perdu de sa splendeur ; il se plaît

[1] Diod. de Sicile, lib. XVII. p. 390.

même à citer quelques-uns de ses plus nobles représentants, savoir : le grammairien Aristarque, dont la renommée comme critique est encore proverbiale ; Hérodien, à la connaissance duquel aucune science n'était étrangère ; Ammonius, qui avait commencé par être porteur de sacs de blé sur le port, ce qui lui a valu le surnom de *Saccas*, et qui eut plus tard l'honneur de compter, au nombre de ses disciples, Plotin, le chef de la secte néoplatonicienne, et Didyme, surnommé Chalcenterus, écrivain célèbre par la fécondité de sa plume et l'étendue de son savoir, bien qu'il fût aveugle. Ammonius et Didyme appartenaient tous deux à la religion chrétienne ; ce qui n'empêche pas Ammien Marcellin, tout païen qu'il était, de leur prodiguer des éloges. Du reste, à cette époque, la cité des Lagides rivalisait avec l'ancienne capitale des Séleucides par la profession du christianisme, et ses évêques, les plus grands d'alors, portaient jusqu'aux extrémités du monde la réputation de son orthodoxie.

Cette grandeur et cette prospérité qu'elle devait aux causes que nous avons signalées, Alexandrie allait encore en jouir pendant près de trois siècles. L'invasion arabe en fut le terme. Mais, telle était la puissance de l'idée qui présida à sa fondation, qu'elle a résisté à tous les cataclysmes. Les épreuves successives que lui infligèrent l'islamisme et la barbarie ont amoindri son existence, elles ne l'ont point anéantie, comme d'autres grandes cités dont il ne reste que des pans de murailles, des débris de colonnes et de la poussière. Bien que découronnée de son diadème de capitale, elle compte encore parmi les villes reines de la Méditerranée, et il ne lui faudrait qu'une circonstance imprévue pour la replacer sur son trône et la rendre à son ancienne gloire.

Nous arrêtons là notre exégèse de la Géographie d'Ammien Marcellin. Il y aurait bien encore çà et là quelques détails à extraire du texte de cet historien, mais ces particularités, ne se rattachant plus ni à de grands faits ni à des questions importantes, offriraient peu d'intérêt.

LYON — IMPRIMERIE PITRAT-AÎNÉ, RUE GENTIL, 4.

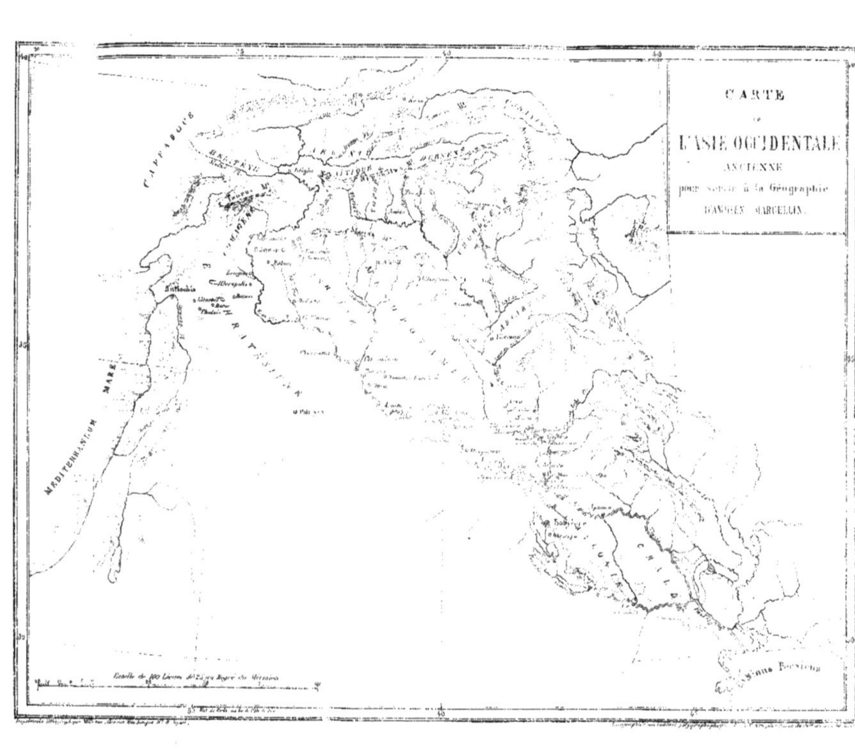
CARTE
L'ASIE OCCIDENTALE
ANCIENNE
MEDITERRANEUM MARE
Antiochia

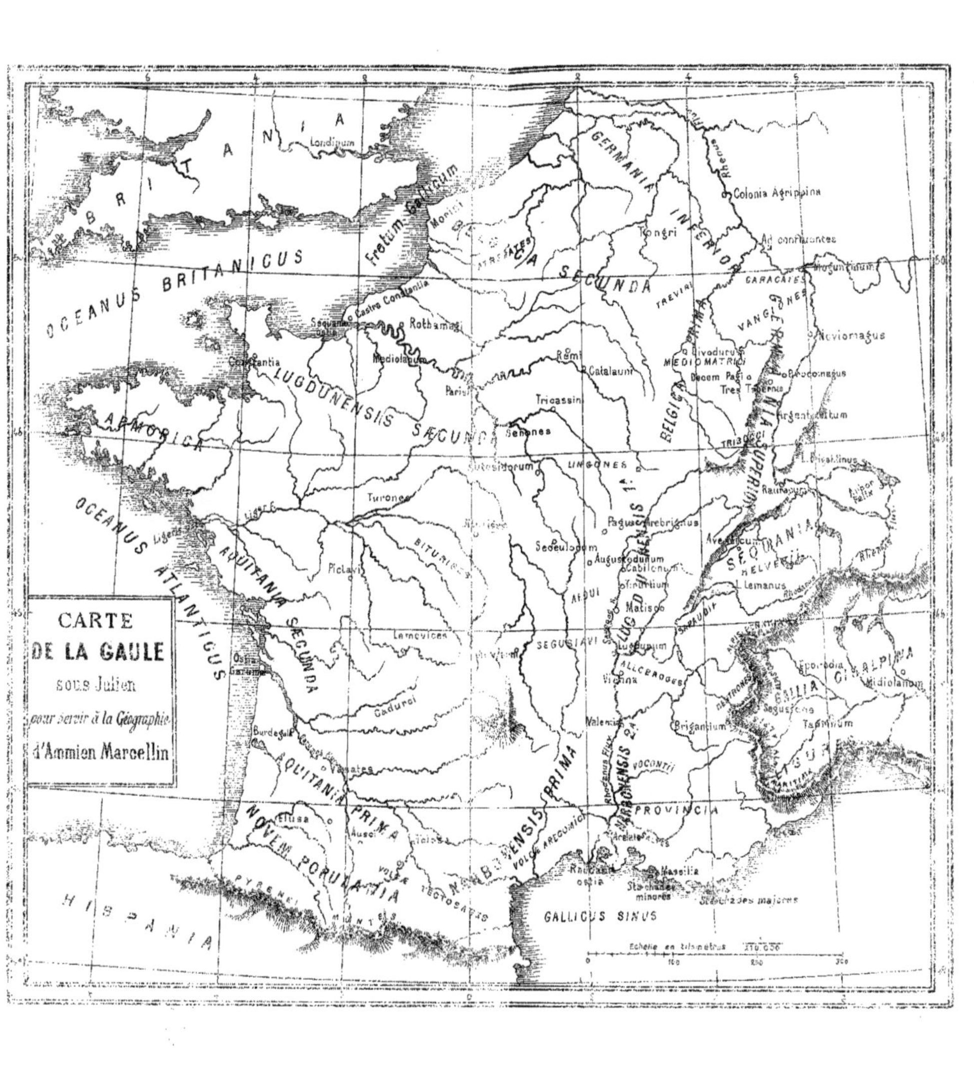
CARTE
DE LA GAULE
sous Julien
pour servir à la Géographie
d'Ammien Marcellin
BRITANIA
Londinium
OCEANUS BRITANICUS
Fretum Gallicum
GERMANIA INFERIOR
Colonia Agrippina
Rhenus
Tongri
Ad confluentes
Moguntiacum
BELGICA SECUNDA
ATREBATES
TREVIRI
CARACATES
VANGIONES
Noviomagus
Castra Constantia
Rothomagus
Mediolanum
Constantia
Remi
Catalauni
MEDIOMATRICI
Divodurum
Decem Pagi
Tres Tabernæ
Argentoratum
Parisii
Tricassini
LUGDUNENSIS SECUNDA
ARMORICA
Senones
BELGICA PRIMA
TRIBOCCI
GERMANIA SUPERIOR
Autesiodorum
LINGONES
L. Brigantinus
Rauracum
OCEANUS ATLANTICUS
Turones
Ligeris
Pagus Arebrignus
Aventicum
SEQUANIA
HELVETII
BITURIGES
Pictavi
Sedeulodum
Augustodunum
Cabilonum
Tinurtium
AEDUI
L. Lemanus
Rhodanus
AQUITANIA SECUNDA
LUGDUNENSIS 1A
Matisco
Lemovices
SEGUSIAVI
Lugdunum
Ostia Garumnæ
ALLOBROGES
Vienna
Eporedia
GALLIA CISALPINA
Mediolanum
Segusione
Cadurci
Valentia
Brigantium
Taurinum
Burdegala
VOCONTII
Vasates
AQUITANIA PRIMA
NARBONENSIS 2A
NARBONENSIS PRIMA
LIGURIA
Elusa
Ausci
PROVINCIA
NOVEM POPULANIA
Arelate
PYRENEI MONTES
Massilia
HISPANIA
VOLCÆ TECTOSAGES
VOLCÆ AREOMICI
Rhodani ostia
GALLICUS SINUS
Echelle en kilomètres
0
100
200
300

CARTE de L'E

d'aprè

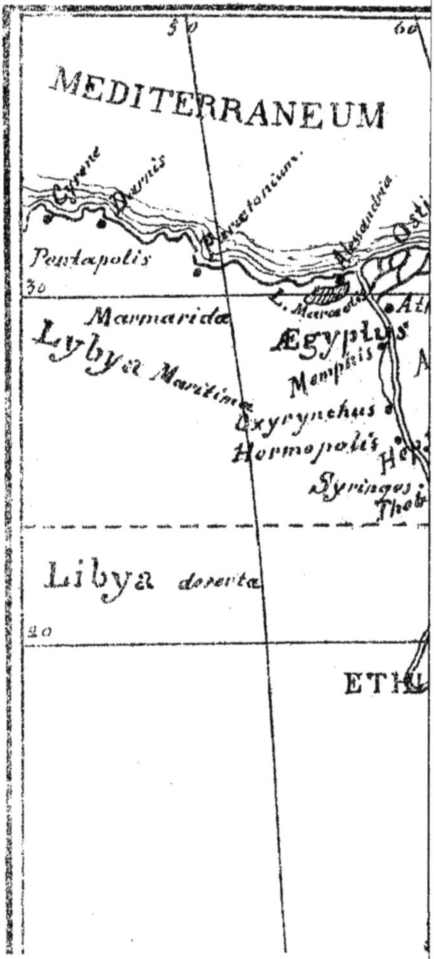

MEDITERRANEUM

Cyrene

Darnis

Paraetonium

Alexandria

Pentapolis

L. Mareotis

Marmarida

Lybya Maritima

Ægyptus

Memphis

Oxyrynchus

Hermopolis

Syringes

Libya deserta

ETH

CARTE de L'EGYPTE et du COURS du NIL
d'après Ptolémée

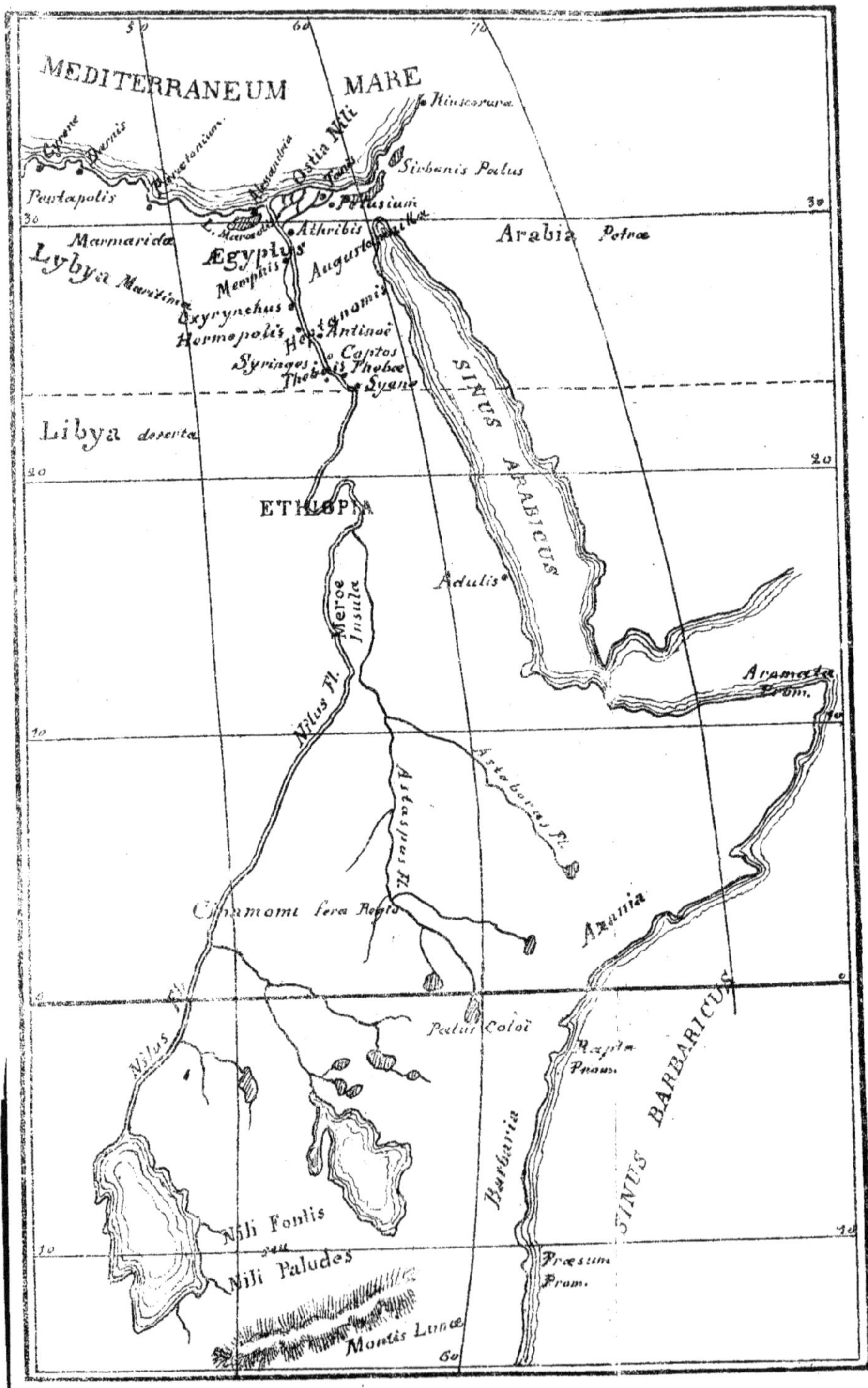

LYON. — IMPRIMERIE PITRAT AINÉ, RUE GENTIL, 4

www.ingramcontent.com/pod-product-compliance
Ingram Content Group UK Ltd.
Pitfield, Milton Keynes, MK11 3LW, UK
UKHW021542260726
13993UKWH00002B/590